北大版新一代对外汉语教材·文化汉语系列

文 化 中 国
Cultural Interpretations of China：
——中国文化阅读教程 I
An Advanced Reader I

王海龙　著

Hailong Wang

北京大学出版社

·北 京·

图书在版编目(CIP)数据

文化中国/王海龙著. —北京:北京大学出版社,2002.8
中国文化阅读教程Ⅰ
ISBN 978-7-301-05810-7

Ⅰ. 文…　Ⅱ. 王…　Ⅲ. 汉语-阅读教学-对外汉语教学-教材　Ⅳ. H195.4

中国版本图书馆 CIP 数据核字(2002)第 052288 号

书　　　名:文化中国
著作责任者:王海龙　著
责 任 编 辑:张弘泓
标 准 书 号:ISBN 978-7-301-05810-7/H·0780
出 版 发 行:北京大学出版社
地　　　址:北京市海淀区成府路 205 号　100871
网　　　址:http://www.pup.cn
电　　　话:邮购部 62752015　发行部 62750672　编辑部 62753334　出版部 62754962
电 子 邮 箱:zpup@pup.pku.edu.cn
印 刷 者:北京大学印刷厂
经 销 者:新华书店
　　　　　787 毫米×1092 毫米　16 开本　14 印张　320 千字
　　　　　2002 年 8 月第 1 版　2009 年 4 月第 4 次印刷
定　　　价:38.00 元

重印说明

　　这本高级汉语文化读本原是针对西方汉学对中国学知识的欠缺和误解,为了认真地培养一些想了解和研究中国文化并跟中国交往的外国学生的目的而写的。在写作时,除了贯彻对外汉语教学的基本方法,我也融入了文化人类学、认知语言学中文化接受的理念,试图展示一个真正的中国和一种真正的中华文化。这套书出版两年来受到了广泛的欢迎,初步实现了我的初衷。

　　最近出版社通知要重印此书,借此寄语数言,谈谈在此书使用方面的体会。

　　考察人类之外语学习的经验和历史,我们可知,对任何一种异己语言初级的学习无疑都是基于最起码的交流和应用的意识,是为了"活下来"(survival)的需要。但到了高级的程度,教与学的情况就完全不一样了。高级的语言学习事实上是在学习一种文化的风致,学习一种持这种语言为其母语者思维的路数以及用这种路数产生的表述和结论。

　　这种学习的困难在于,持此种语言为母语者的语言习得过程是潜移默化、是自然的,而做为第二语言来学习,成年的外国语学习者往往难能获得这种自然状态的由浅入深的语境(同时错过了语言认知适龄的最佳时机)。这就要求我们在外语教学的高级阶段不仅要教一国的语言,而要教一国的"语文"。学一国的语文是学一个国家的文化底蕴,学会用操这种语言为母语者的观念去思维。只有这样,学生们才能不只是学了语言而且是进入了语境,才有真正把握这种语言的可能性。上面的结论是我所受的文化人类学的基本训练和认知语言学的本体理论教给我的,用到汉语语言学和对外汉语教学上,验之毫厘不爽。

　　近几十年来,西方的外语教学法层出不穷,最多的是英语做为第二语言的教学法。这种方法在教初阶和应用层面的学生时很见效也很值得借鉴,但在教高级程度学生的层面上似乎和教对外汉语的方法还是两条道儿。英语,由于其语言的特质和功能, 在其初级阶段教学法上多采用的是功能、操练法和交流式(communication),这些方法对初学者行之有效,但教高级汉语时套用它们未必成功。高级汉语的着重点显然不在这种口语或功能性的操练而且甚至无法做这种操练。它更需要的是一种人文感知和文化体认。

　　基于这种认识,我试图用中国人学母语的方法论来撰写这套教材但同时明确意识到它的使用者是外国人。这件工作当然不易。我力图展示中国文化发展的脉络,同时在主题展示中用大量的个案现身说法,有论有述,有观点有故事,着重于指导学生阅读方法的训练,让外国学生逐渐脱离语言隔膜所带来的陌生感,把学语言转化成学语文。

学外语的经验告诉我们,学一种外语,到了一定的程度,要想提高很难;特别是学像汉语这样词汇量大,表述风格多样的语言。其实克服这个困难的答案并不复杂,那就是要大量阅读。即使是土生土长的中国人要想提高自己的语文能力也除此之外没有他法。对高级程度的外国学生,教师的任务是发现和教会学生阅读的方法,让学生们不再视阅读为畏途而是变得善于阅读、精于阅读甚或耽于阅读。要做到这样,我们首先要提供给学生一些好的教材和好的阅读资料,本书就是这种尝试的一个结果。

在方法上,这套书注重词汇的有效循环,阅读难度的层次递进,鼓励主题阅读、模糊阅读和有指导性的阅读,同时跟进大量的讨论和读后练习,实践证明,上述的方法是行之有效的。

这套教材出版后教学界反响较积极。它在美国的教材市场和专业学术会议上受到欢迎,美国的教材推销商和出版社频频介绍。法国文化部和教育部组织的汉学会议和汉语教学研讨会曾经专门邀请我去巴黎介绍此书的设计和教学理念。在纽约的联合国总部和其他国际教学机构也把它作为重点推荐的高级汉语教材。它在国内和亚洲的情况我知之不详,但在出版不久的教材市场上它又得到重印,使我有理由相信它受到了欢迎。虽然取得了阶段性的成功,我知道,这项工作其实才刚刚开始,前面的路还很长。

在这本书现在重印之际,请允许我表达一下个人的感念。这套书当初实际上是一种理念创新性的教材。我在美国教书,对国内教材市场并不了解。感谢北京大学出版社郭荔老师鼓励、支持并热情接受和审核了书稿;同时也非常感谢此书责任编辑张弘泓老师为此书的出版付出的心血。记得当年这书出版时正值盛夏,我暑期回国在清华大学教书,教材的出版也在紧张进行。张弘泓老师每天挥汗如雨奔走电脑工作室、印刷厂,包括装帧设计,事无巨细一力关心,把很多本不属于她的工作都揽在身上。这套教材的成功里有着郭老师和张老师的汗水。在此书重印之日,追忆这些,更让我感念她们的付出。

同时,我也在此感谢使用这套教材并给我以反馈的全世界的学生、教师和教学法研究人员。希望我们一起努力,写出更好的教材,研究出更有效的方法,向世界人民传播我们的文化和友谊。

王海龙
2005年初春

前　言

　　为什么要写这两本高级汉语文化读本？我无数次地问过自己这个问题。

　　在国外教书，接触较多的是西方汉学圈子里的人和事，发现了一些堪称奇怪的现象。记得前些年做西方汉学史研究课题时我曾经谈过这个问题，那就是在西方汉学学科眼界中的中华文明的文化定位问题。

　　我原来是研究文化人类学的，比较文化是它的中心命题，而我关注的是东西方文化的比较，研究汉学史或外国人眼里的中国文明是它的初级阶段。在这种基础研究中，我发现了一些令人诧然的问题。从西方汉学的滥觞阶段迄今，一部分的西方汉学家对中国文明自始至终或多多少少地抱有着那么一种隔阂或误解。值得指出的是，这种误解在某种程度上说又是刻意而为的。

　　西方人最早对中华文明感兴趣是在文艺复兴以后。随着"地理大发现"和"人的发现"，刚刚脱离了一千年"黑暗的中世纪"的西方人亟需另一种文化参照系来找准自己的文化位置，它们发现了中国。那时候中华帝国是带着一种神圣的光环进入西方人的文化视野的，而那时候应运而起的西方汉学对中华文明顶礼膜拜，认为它是救治西方文化痼疾的良方；曾几何时，中华文明是整个人类文化的先进代表者。文艺复兴后几百年内西方文明的崛起和中华帝国的故步自封改写了世界文明史，也颠倒了中西文明的定位，这不能不影响到西方的汉学界。十八世纪以后的西方汉学开始出现了不谐和音，到了十九世纪和二十世纪，中华文明在西方的笔下成了一种野蛮落后和令人嘲笑的典型。

　　神化中国或妖魔化中国都不是一种科学的态度。不管早期西方人笔下对中华文明的盲目礼赞还是后期对它刻意的鄙夷，他们了解和反映的都不是真正的中国。

　　可惜的是，在国外不止是一般老百姓，即使是研究中国的某些学术圈子里也时时在犯着一些幼稚低级的错误，对中国文明有着一些先入为主的成见和想当然的判断。我们常常发现，一些连基本的汉语都说不囵圄的洋人却偏偏能指手画脚，说三道四，带着一种先天的优越感来苛责中华文明的落后，而他们所讨论的课题恰恰是自己并不了解或根本不具发言资格的。出现这种情况的原因之一是因为某些人的学术训练不够，另一方面也应归咎于中国文化学者的缺席。

自上个世纪初以来，中国人意识到了落后就会挨打的道理，开始学习西方，发展科学和技术。在引进西方科技和文化思想的同时，我们大量地引进或编写了各种各样的学英语和学其他语种的教材，我们的确在这方面取得了一些成就。不止科技，在人文科学方面我们也普及了很多西方的思想。记得毛泽东早在上个世纪三四十年代就批评过在共产党内有些人"言必称希腊"（可见在文化贫乏的那时，甚至是在共产党内部，西方的思想就已经是多么地深入人心）；在今天，即使是普通的中学生也很少有人不知道莎士比亚或巴尔扎克，我们在普及西方思想方面的业绩不错。可是如果有人去西方问问，慢说是中学生，到底有几个西方的大学生能知道曹雪芹、罗贯中或鲁迅的？恐怕即使是学文科甚或学文学的大学生也会被你问傻的。

对此，能怪西方人笨么？能只怪西方人骄傲自大么？我们扪心自问，我们又花了多少精力来编写介绍自己民族文化的教材，我们能把不了解中国文化的责任完全推到外国人身上么？我们在向西方介绍中国思想或在编写自己的文化教材方面下的功夫不够。

文化学理论告诉我们，对一种异己文化了解的最起码的愿望是对它的语言的尊重，用其母语来研究它的基本概念才能破解它。正如我们很难想像一个不懂英文而只靠翻译来学习英国哲学的学者会成为一个英国哲学权威，一个不精通汉语的汉学家是一个讽刺。

如何使一个西方汉学家精通汉语和中国文化思想呢？这应该是持汉语为母语的文化学者的责任。如果我们不做，不编写自己的文化教材，我们只能听任别人有意无意地以讹传讹。

中国文化，我们喜欢说博大精深，如浩瀚的江海。能不能尝取一瓢，能不能试图用一种简单的语言译析传介之？大家都知道这不是一件容易的事，或可以说往往是一种吃力而不讨好的事。但这样的事却应该有人做。

用简单的语言给外国人写中国文化教材，而且要力图真切、原汁原味地表达中国文化的基本特征，这其实不是小儿科、壮夫不为的细事，这是一种文化挑战。词汇有限制，语法有要求，字、词、句、章皆应有特殊的考量，这是一种带着镣铐的舞蹈，一种沉默负重的艰难前行。

基于对西方汉学史研究后萌发出来的一种责任感，我尝试了这种文化挑战。为了写这本不算深奥的书，我读了不少各学科的书，也读了不少种外语教材。如果说中国文化是一座宝山，我就是那带着一群怀着好奇和渴望的心情进山人的向导。如果我是向导，我觉得我的责任重大。

几年前我翻译克利福德·吉尔兹的阐释人类学的经典著作《地方性知识》时曾经介绍过他的一些阐释学观念，他，或者是阐释人类学认为，语言是一种文化的载体，这种载体决定着思维，语言是一种武器，掌握了这种武器就掌握了表述或制胜的法宝，所以有"话语霸权"。过去我曾乐观地以为，各不同文化间一定有一种共同的"文化语法"或趋同的表达意义在，不同文化间没有什么不可以通过语言来互译交流的事。随着治学的深入我发现了自己的天真和肤浅。语言决定着文化认知和概念，没有某种认知概念就不可能存在相应的语言概念。爱斯基摩人描写雪有70多个字汇，而印度人却没有一个词写雪；雪对爱斯基摩人来说是他们的衣食住行，是他们生存的先决条件，而对印度人什么都不是；印度人甚至不知雪为何物，他们没必要创造这方面的词汇。而同样对冰雪无一字汇表述的印第安人对灌木树林里植物叶和果实描写的词汇有370种之多，远远多于植物学专家的科学分类术语辞典上的名目！同样，这是因为他们的生活离不开它们。如果你想了解和研究这些人的文化和生活，不研究这些专门的冰雪和植物的术语行么！上面举的例子仅仅是一些实物的名称之类浅表性的问题。如果仅仅是简单的名词就会对一个人类文化群体的思维有着这么重要的制约意义，试想中国文化这个复杂的文化课题中该有多少抽象的哲学或伦理的命题！——更不用说我们还有丰富的其他各门类的文化遗产。

那么，我们话语就是我们中华文化的深层结构，它揭示着我们民族文化的底蕴，在某种意义上它也决定着我们的思维模式。不然你就不知道什么是"文气""阴阳"，什么是"风骨""神韵"，什么是"自然苍秀""俗而不堪"。"春秋笔法，皮里阳秋""羚羊挂角，无迹可循"。无解么？它们其实整个是一种符号系统，一种公认的文化代码建构。

由这个命题，我们会看到写一本教外国人领悟中国文化的教材殊非易事。我做到了我想做的事么，我完成我原来预定的目标了么？这得由读者或这本教材的使用者来回答。有一点值得欣慰的是，我完全是用中国人的母语，用受到限制了的词汇量和汉语语法知识来解析中国人的思想、理念以及他们的某些文化思维模式、他们社会观念的形成。这本书完成后，曾在美国纽约哥伦比亚大学和在北京的哥伦比亚大学—清华大学合作的汉语及文化高级培训项目中使用，受到了使用者的欢迎和好评。

这部教材的使用者迄今主要是美国学生，亦有日本、韩国、新加坡等地的学生试用过。其实验范围有本科、硕士、博士到博士后各个求学阶段的学生；使用这个教材学生的专业有东亚文化、文学、宗教、历史、哲学、经济、心理学、法律、工程学、土木建筑、数学、生物化学、电脑、服装设计、医学、音乐等各门类学科。学生们对每一个课题都投入了极大的兴趣并倾注了不懈的热情；他们特别对教材中涉及的东西方不同的文化命题进行了热烈的讨论并提出了很多积极的建议，这些都给了我很多的鼓励和写作灵感。我在此衷心地感谢这些可爱的学生们，没有他们的热诚的参与、互动和投入，这部教材是不可能以这样快的速度面世的。

作者，2002.5 纽约哥大初稿

2002.7 北京清华二稿

INTRODUCTION

There is a common phenomenon in the field of foreign language teaching: it is often easy to lead students through the entrance levels of a language but very difficult to guide them into the advanced levels. After learning the basic vocabulary and grammar of a foreign language, students need to be able to use the language as native speakers. It is easy for the students to see progress in the beginning levels; however, after the initial honeymoon period, the learning curve drops steadily.

In order to master a language, the students not only need to develop the necessary language skills but also need to adopt a new cognitive system. In approaching Chinese at the advanced levels, students cannot only learn the vocabulary, grammar, sentences at the discourse level but must learn how to see and express in the context of the language. The Chinese language is a very unique system. At the entrance level, students learn the survival skills and basic expressions. But in the intermediate levels, students must adjust to expression differences between the colloquial and literary, between the classical and idiomatic, between different social levels and different educational backgrounds. Although all Chinese speak Chinese, they speak Chinese differently. The task of Chinese teachers is to teach students to comprehend, speak, read, and write Chinese as Chinese people do, to teach Chinese from a cultural context.

Cultural Interpretations of China : An Advanced Reader I consists of twenty – six lessons, grouped into five specific cultural themes. Each lesson begins with a general introduction on the topic. After each introduction are several supplementary texts that bring more details to the points made in the opening. Each text will be followed by exercises in vocabulary, grammar, and idiomatic expressions to reinforce students' understandings of the texts at the discourse level. Since the target students will have basic knowledge in Chinese language and culture, the aim of this text is to enlarge their vocabulary and formalize their understanding in Chinese. In order to build the students' linguistic proficiency, this textbook stresses stock phrases and classical idiomatic expressions. These kinds of expressions are very common in Chinese daily life and Chinese writings but have been a major source of frustration for most foreign language learners.

Cultural Interpretations of China*: *An Advanced Reader I offers a motivational source in developing students' language skills; it uses authentic language materials and considers different literary genres. It selects many hot cultural topics and current affairs to enhance the conduction of classroom interactions and discussions. At the same time, the design of the book also focuses on students' skills to narrate and describe a variety of topics at the discourse level. Included in this text are pre – reading questions and after – reading examinations in each lesson. Also included are exercises on idiomatic – classical expression interpretation. In addition, I have incorporated sentence patterns and word usage sections to facilitate the students' internalization of the new materials. Furthermore, I have designed "Remembering Details", "Analyzing Ideas", "Synonyms" and "Discussion Questions" sections to test the students' comprehension of the texts. Finally, this text contains sections which emphasize analysis of word roots and outline a new and more exciting approach to learning vocabularies, through their prefix and suffix. I can see hoe my students enjoy and benefit from them.

My thanks are due to my students at Columbia University in New York and at the Columbia University – Tsinghua University Beijing Program. Many thanks to their discussions, challenges, cooperation, and hard work in my classes, which have greatly inspired my teaching and writing.

Hailong Wang, 2002. 7

目　录
CONTENTS

第五单元主题：读书做官：
中国的科举考试制度

5

预习提示：
Before You Started：

1. 你了解中国人的文化传统吗？你觉得中国文化和西方文化的最大不同是什么？

2. 你喜欢中国人的礼貌吗？你觉得中国人的礼貌和其他文化的礼貌有什么不同？

3. 中国人的性格难以理解吗？为什么？

第一课　中国人的文化传统

　　中国人**自认为**他们是世界上最讲礼貌的民族。中国文化**具有着**很长的历史**渊源**，中国人的礼貌也有着很**悠久**的传统；中国是一个多民族的国家，**因而**中国人的礼貌和文化风俗有着不同的来源。总的来说，中国文化要求有知识、懂道理的人要遵守传统的礼法、讲究礼貌，文质彬彬，温良恭俭让；而一般的老百姓呢？他们**则**要尊重有知识有经验的人、**权威**人士或年龄大的人，看这些人怎么说怎么做，然后再决定自己应该怎么说怎么做。

　　就这样，长期以来，中国人形成了自己的礼貌和风俗传统，这种传统已经保存了几千年，而且还在不断地发展、**完善**着。**不管**中国处在什么社会历史阶段，**不管**中国政治经济情况发展如何，中国人的这种礼俗制度总是**相对稳定**和受到尊重的。中国有着**相当**多的礼俗传统，虽然它们不是明确的法律和**义务**，但却**似乎**已经成了不**成文**的约定俗成的习惯和**观念**，人们必须认真努力地执行。不管是在古代还是在现代，不管是在中国还是在世界上的任何一块土地上，只要是中国人或在受到过中国传统文化的影响的地方，人们总是遵守着中国文化的这些悠久而严格的礼仪的要求。

中国人的礼貌和传统礼仪包括哪些方面呢？**具体**地说，中国传统文化要求读书人要尊老爱**幼**。在他们年轻时要努力学习知识，有了知识以后仍然要谦虚谨慎，不要**轻易显示**自己的知识，更不要**随便发表**自己的意见，要永远记着"人外有人，天外有天"的道理。读书人学到了知识以后首先要严格要求自己，使自己成为其他人的**榜样**。除了有知识，读书人更要注重自己的道德**修养**。中国古代的社会道德要求读书人应该是社会的**栋梁**和**模范**。读书人应该尊重长辈，爱护年幼的人，学习管理家庭和社会的经验，在国家需要的时候，**随时**去为自己国家**效力**，这就是孔夫子说的："修身、齐家、治国、平天下。"

中国人的礼俗往往要求老百姓**听从**当官的人说的话。尊重当官的人要像尊重自己的父母一样，因此，在中国历史上人们总是把**地方上**的**行政**长官叫做"父母官"。而从另一方面，中国文化也要求当官的要爱护老百姓，把他们当作自己的家里人，要关心他们、照顾他们，在他们有困难的时候**真心实意**地帮助他们，把自己领导的老百姓当作自己的孩子一样来保护和**关怀**。因此，自古以来，中国人**称赞**一个好的做官的人时总是称赞他们"爱民如子"。

除了尊重老年人和做官的人以外，中国人还讲究一些社会等级和**优先**制度。这些等级像一张奇怪的**网**，看不见摸不着却又无处不在。比如说，中国是一个敬老的社会，总是保护老年人的利益，在很多事情上给老年人许多优先权；中国又是一个尊重权威和领导人的社会，这些人往往享有一些别人所没有的**特权**；中国曾经是一个**农业**社会，受着很深的农业文化的影响，处理问题时，人们总是首先想到自己家族或小集团、社区的利益来共同**对付**外来的人，这样就形成了不公正的"地方保护主义"，等等。上面说的这些问题，一般老百姓都看得见，但他们的长期生活经验使他们接受了这些事实。如果有人不熟悉中国文化的这些特点，那么在现实生活中他就会惹上一些**麻烦**。

中国人的礼俗要求做人要诚实，对别人要有**真心**。中国的老百姓在和别人交往时往往喜欢说要"以心换心"。中国的礼俗要求经商的人要讲**信用**，对顾客"童叟无欺"，对所有的人都要客气，和气生财。中国人很重视交朋友,重视和别人建立"关系"。中国人喜欢帮助朋友,朋友之间的关系可以比亲兄弟还亲。中国人和别人**相处**时不只是看他们怎么说,更**注重**看他们怎么做。做,永远比说重要。

中国人**讨厌虚伪**和**说谎**的人。中国虽然是一个很讲究礼貌的礼仪之邦,但中国人却不喜欢一些**过分**的礼貌,他们往往觉得对家人和朋友没必要太客气,如果太客气就会显得有点儿"**生分**"或虚伪。好多中国人不太习惯西方人的那种客气。中国人在家里比较少说"谢谢""请"等等,中国的父母或长辈则更少跟**晚辈**说这类的话,虽然他们很喜欢、很疼爱自己的孩子。另外,中国人很不喜欢说谎的人,如果有人对朋友说谎会很**伤害**朋友之间的感情。朋友们在一起,如果有人做错了事,一般情况下别人都会原谅他。但如果有人**故意**做错或**成心**说谎就很难得到别人的**谅解**。尽管如此,中国人一般都会给朋友**留面子**或改错的机会,如果一个人坚持不改自己的错或继续犯错那他就会失去友情了。中国人和别人**绝交**时往往并不表达很强烈的感情,对不诚实的人或不值得相处下去的朋友一般情况下不**搭理**他们就可以了。

中国人的礼俗要求在处理人和人之间的关系时能够宽容**忍让**、互相谅解。跟朋友相处不要**斤斤计较**,不要太聪明,特别是在花钱上要**大方**,中国人看不起**吝啬**的人。走遍全世界,凡是需要花钱的时候,无论是跟朋友出去玩或是吃饭,你总能看到中国人在争吵着抢着付钱。中国人强调做人要**厚道**,**吃亏**是福,难得**糊涂**。在和不认识的人相处的时候,中国人特别讲究礼貌,中国有句**俗话**叫做"礼多人不怪"。中国人讲究做人要**谦逊**,如果自己做错了事,应该首先向别人道歉,取得别人的谅解;即使别人做错了事,自己完全是对的,也要对犯错误的人客客气气,原谅别人,给他们改正错误的机会,这叫"有理让三分"。中国人不愿意感情太外露、太强烈地表达自己喜怒哀乐的情感,中国人强调一种修养的功夫。中国人认为真正有本领的人不管遇到了什么样的情况都应该显得从容不迫,不动声色,临危不惧,以柔克刚。只有没有本领的人才常常大吵大闹,随时表达自己的情感。

生 词
VOCABULARY

1. 自认为	自認為	zìrènwéi	（短语）	自己对自己的感觉和评价；self – be-lieve; consider by oneself
2. 具有	具有	jùyǒu	（动）	有；存在；possess; have
3. 渊源	淵源	yuānyuán	（名）	根源，一件事发生的地方，origins
4. 悠久	悠久	yōujiǔ	（形）	历史很长；时间很长；long time
5. 因而	因而	yīn'ér	（连）	因此；根据前面的原因引起的……thus; as a result
6. 则	则	zé	（连）	表示一种对比关系（however）
7. 权威	權威	quánwēi	（名）	让人相信并服从的力量和威望；被认为最有地位、最有影响的人或事物；authority
8. 完善	完善	wánshàn	（形、动）	完备而且美好；perfect; consummate
9. 不管	不管	bùguǎn	（副）	无论怎样；no matter how
10. 相对	相對	xiāngduì	（副）	比较性的；从比较而看出来的 rela-tively; comparatively
11. 稳定	穩定	wěndìng	（形）	稳固而且坚定；stable
12. 相当	相當	xiāngdāng	（副/形）	非常；很；very; quite
13. 义务	義務	yìwù	（名/形）	法律或道德要求应该尽的责任；不拿报酬的；volunteer; voluntary
14. 似乎	似乎	sìhū	（副）	好像；看上去；it seems; as if
15. 观念	觀念	guānniàn	（名）	观点和想法；sense; idea; concept
16. 成文	成文	chéngwén	（动）	有文字记录的；have written record
17. 具体	具體	jùtǐ	（形）	明确的；特别的；detail; concrete
18. 幼	幼	yòu	（形）	小的，年轻的；young; minor; under age
19. 轻易	輕易	qīngyì	（副）	容易的；不费力气的；easily
20. 显示	顯示	xiǎnshì	（动）	明显地表示；to show

21.	随便	隨便	suíbiàn	（副/形）	不严肃的；没有经过认真思考的；casual；random；
22.	发表	發表	fābiǎo	（动）	通过公开的形式表达自己的想法；to publish
23.	榜样	榜樣	bǎngyàng	（名）	有代表性意义的人和事；值得学习的人和事；role model
24.	修养	修養	xiūyǎng	（名）	一个人在理论、知识和技术方面达到的水平；一个人的道德知识和适应社会的能力；accomplishment；self – cultivation；
25.	栋梁	棟梁	dòngliáng	（名）	支撑屋顶的木材，用来比喻重要的人物；ridgepole
26.	模范	模範	mófàn	（名）	有代表性意义的人和事；值得学习的人和事；model；fine example
27.	随时	隨時	suíshí	（副）	任何时候；at any time；at all times
28.	效力	效力	xiàolì	（动）	替别人做事；render a service to
29.	听从	聽從	tīngcóng	（动）	听别人的话并服从他们；obey；heed
30.	地方上	地方上	dìfāngshàng	（形）	当地的；local
31.	行政	行政	xíngzhèng	（名）	政府或公司的管理机构；administration
32.	真心实意	真心實意	zhēnxīnshíyì	（副/形）	真诚的；全心全意的；sincerely；truly；wholeheartedly
33.	关怀	關懷	guānhuái	（动）	关心；shoe loving care for
34.	称赞	稱贊	chēngzàn	（动）	表扬和赞美；admire
35.	优先	優先	yōuxiān	（副/形）	受到比别人早的待遇和早的照顾；priority
36.	网	網	wǎng	（名）	用绳做的一种捕鱼的工具,常常用来比喻一种联系广大的组织和系统:关系～;销售～。net
37.	特权	特權	tèquán	（名）	特殊的权利；privilege
38.	农业	農業	nóngyè	（名）	农村种植庄稼和饲养家畜的工作；agriculture
39.	对付	對付	duìfù	（动）	处理问题；to treat；to deal with
40.	惹	惹	rě	（动）	引起；to stir up；cause；attract

41. 麻烦	麻煩	máfan	（名）	不容易解决的问题；不好的事情；trouble
42. 信用	信用	xìnyòng	（名）	因诚实而得到别人的信任；credit
43. 叟	叟	sǒu	（名）	老头；old man
44. 相处	相處	xiāngchǔ	（动）	和别人在一起工作或生活；to get along with
45. 注重	注重	zhùzhòng	（动）	注意并重视；lay stress on; pay attention on; attach importance to
46. 讨厌	討厭	tǎoyàn	（动）	不喜欢；dislike
47. 虚伪	虚偽	xūwěi	（名）	不真诚，欺骗；hypocritical; false
48. 说谎	説謊	shuōhuǎng	（动）	说假话；to lie
49. 过分	過分	guòfèn	（副/形）	说话或做事超过了一定的限度；excessive; undue
50. 生分	生分	shēngfèn	（形）	感情淡薄，关系疏远；unfriendly; unfamiliar
51. 晚辈	晚輩	wǎnbèi	（名）	辈分低的人；young generation
52. 伤害	傷害	shānghài	（动）	使受到损害；to hurt
53. 故意	故意	gùyì	（副）	有意识地；purposely
54. 成心	成心	chéngxīn	（副）	故意地；有意识地；intentionally
55. 谅解	諒解	liàngjiě	（动）	原谅和理解；understand; make an allowance for
56. 留面子	留面子	liúmiànzi	（习）	不让别人感到不好意思；save face
57. 绝交	絶交	juéjiāo	（动）	断绝关系；cut off the relationship
58. 搭理	搭理	dālǐ	（动）	和别人说话或建立关系；respond; answer
59. 忍让	忍讓	rěnràng	（动）	容忍退让；exercise forbearance
60. 大方	大方	dàfāng	（形）	对财物不在乎，不小气；generous
61. 吝啬	吝嗇	lìnsè	（形）	小气,不舍得财物；stingy
62. 厚道	厚道	hòudào	（形）	对人很善良；honest and kind
63. 吃亏	吃虧	chīkuī	（动）	受损失；处于不利的地位；suffer losses; come to grief
64. 糊涂	糊涂	hútu	（形）	不清醒；不明白事理；muddled; confused

65.	俗话	俗話	súhuà	（名）	口语，日常说的话；common saying
66.	谦逊	謙遜	qiānxùn	（形）	谦虚，客气；modest；unassuming

习惯用语和特殊表达用语

文质彬彬：形容一个人文雅而又懂礼貌。

　　[文]有修养，懂礼貌。[彬彬]温和、谦虚的样子。

1. 中国传统文化要求一个读书人应该有修养，除了有知识外，还要对人和气，文质彬彬。

2. 小李是一个很懂礼貌的人，平时尊重长辈和老师，对别人也很和气，看上去文质彬彬的，大家都很喜欢他。

温良恭俭让：温和善良，谦虚，讲究礼貌，理解和谦让别人。

1. 温良恭俭让是中国传统文化的一个特点，在现代社会有很多人仍然认为这是一种美德。

2. 张老师说西方社会是一个强调独立性和个人奋斗的社会，中国读书人传统所提倡的温良恭俭让的风格在那儿是吃不开的。

约定俗成：不是法律规定，而是因为人们长期的社会行为、风俗而养成的习惯。这些行为和习惯一般都被人们遵守和执行。

1. 几千年来，中国人有庆祝新年、互相祝贺的习惯，后来约定俗成变成了我们今天在春节的时候互相拜年的风俗。

2. 在传统的中国社会里，父母总是喜欢给自己的孩子包办婚姻，这种约定俗成的习惯几乎像法律一样在中国流行了几千年。

人外有人，天外有天：在一个有本领的人之上还有更有本领的人，在很高的天上面还有更高的天。

1. 一个谦虚的人应该永远记得人外有人，天外有天的道理，不要处处总是想着表现自己。

2. 他平时总是说"人外有人，天外有天"，可是事实上他总是觉得自己是天下最聪明的人。

修身、齐家、治国、平天下：严格要求自己，管理好自己的家庭，学好知识，并利用自己的知识管理社会，为人类创造和平。

[修] 训练，使它有修养。[齐] 管理，使它整齐。[平] 使它公平、和平。

1. 孔子对古代中国知识分子的要求是要他们修身、齐家、治国、平天下。
2. 修身、齐家、治国、平天下曾经是中国传统知识分子的政治理想。

爱民如子：对老百姓非常爱护，就像对自己的孩子一样。

1. 在中国古代的社会，老百姓的理想就是能遇到爱民如子的好官。
2. 美国社会没有爱民如子的说法，他们认为官民之间不是父子关系，当官是应该为老百姓服务的。

以心换心：善良平等地对待别人，用对别人的爱来获得别人对自己的爱和尊敬。

1. 不管是在过去还是在现代，不管是在中国还是在国外，在和别人交往时我们认为永远应该诚实、友爱，以心换心，这样才能交到真正的好朋友。
2. 美国人交朋友也提倡以心换心，你怎么对待别人，别人也会怎么对待你。

童叟无欺：诚实地做生意，不欺骗任何人。[叟] 老年男人。[欺] 欺骗，欺负。

1. GAP 商店卖的衣服质量很好，他们的服务态度也不错。你在那儿买的衣服如果有质量问题你随时可以退换，他们的服务是童叟无欺的。
2. 我不喜欢在这家商店买东西，它的服务态度很不好，虽然他们说他们对顾客童叟无欺，可是你买东西时他们很高兴，如果你买的东西质量不好要退换时，他们对你的态度就很不客气了。

和气生财：做生意和买卖时对买东西的人客气、礼貌，使顾客愿意买你的东西，礼貌地为自己赚钱。

1. 刘西文平时很喜欢交朋友，最近他开了个饭馆，饭菜做得好，他又讲礼貌，和气生财，很快就挣了很多钱。
2. 中国人过去做生意往往只注意和气生财，不太注意管理方法，现在学习了现代商业管理方法，在经营上有了很大的进步。

斤斤计较：形容太喜欢计较小的利益和并不重要的小事情。

1. 大卫看上去很聪明，他和朋友在一起时总是斤斤计较，从来不吃亏，但是朋友慢慢地都离开了他，他现在终于开始后悔了。
2. 中国和美国的文化有很大的不同。比如说，中国人觉得美国人大家在一起吃饭时各人付各人的钱看上去太斤斤计较，可是美国人觉得这是他们的好习惯。

吃亏是福：有些人认为，在某些方面受损失或遇到不利的情况并不是坏事，你可以从中学到知识或经验（或者你可以通过这些避免更大的损失）。

1. 传统的中国人思想往往有些保守，当你受到了不公正的对待时他们经常劝你说吃亏是福，而不主张通过提意见或法律手段来解决问题。
2. 现代中国的年轻人已经不再相信吃亏是福的观念，他们提倡要事事自我保护。但是很多老一代的人们看不惯他们，说他们太斤斤计较。

难得糊涂：能做到不计较小事（不烦恼、不忧愁），对一个人来说，是很不容易的。

1. 白教授是一个非常和气的人。他搞研究非常认真，但是他在日常生活中从来不跟别人计较小事，他常常说："做人难得糊涂。"
2. 亨利·王认为在美国做人和做事都应该认真，他不同意他爸爸说的在社会上应该事事忍让、难得糊涂的想法。

礼多人不怪：对别人客气有礼貌，即使你作得太多别人不会责怪你。

1. 我的中国同学常常告诉我，到了中国见到老人孩子都要先问好，反正礼多人不怪，你尊重别人，别人一定会尊重你。
2. 很多西方人不同意礼多人不怪的说法，他们认为有时候礼貌太多会让人觉得不舒服或甚至有一种虚伪的感觉。

有理让三分：即使你完全是对的，也应该有礼貌地对待别人，对待对方客气一些。

1. 有理让三分是传统的中国道德，现在的青年人认为这种观念太陈旧了。
2. 妈妈总是告诉他在外面要小心，别得罪人，对人要客气，遇事要有理让三分。

从容不迫：在遇到一些重大的事情时不紧张，不慌不忙的样子。

1. 有的人平时看起来很有修养，但真正遇到问题时就很难做到从容不迫了。
2. 老张真是一个很有社会经验的人，他连撒起谎来都能做到从容不迫。

临危不惧：遇到非常危险的情况时不害怕、不慌张。[惧] 害怕。

1. 一个人平时勇敢算不上真正的勇敢，只有在遇到预料不到的紧急情况时能够做到临危不惧才能算作真正的勇敢。

2. 简．爱（Jane Eyre）是一个让人佩服的女子，她平时看上去很温柔，可是遇到危险时能够临危不惧，她是我喜欢的一个文学人物。

以柔克刚：用温柔轻松的方式来对待强硬的对手，解决难以解决的问题。以 sth + Veb + sth：以牙还牙/以卵击石/以德报怨/以暴易暴/以不变应万变

1. 中国古代的哲学家老子提倡回归自然，以柔克刚的哲学。

2. 中国的武术强调因具体的情形而变化来对付敌手，它不主张以力抗力，而是主张以柔克刚。

句型和词汇用法

● **自认为**

1. 老王自认为他是一个很谦虚的人，可是别人却以为……

2. 自认为聪明的人往往是_____
_____。

3. 这个作家从来都没有自认为他的作品_____
_____，可是没想到_____
_____。

● **具有**

1. 这个工作要求申请人必须具有大学学历。

2. 凡是具有五年以上工作经验的人_____
_____。

3. 如果一个人具有能够看到别人内心世界的能力，_____
_____。

● **……因而……**

1. 美国最近几年经济情况不太好，因而很多大学毕业生毕业以后找不到工作。

2. 昨天整个纽约市的地铁都出了问题，因而_____

_____。

3. 他本来应该坐前天早上的飞机回国，可是他睡过了头，错过了起飞时间，因
而_____

_____。

● ……则……

1. 中国的传统礼法要求读书人要懂礼守法，老百姓则要尊敬读书人，向他们学
习。

2. 虽然你们都认为这个电脑很好，_____

_____。

3. 你买一点吃的东西就可以了，_____

_____。

● 不管……不管……

1. 不管你喜欢不喜欢电脑，不管你愿意不愿意学电脑，如果你没有电脑知识你
就不能找到工作。

2. 不管你爱不爱吃中国饭，不管，_____，

_____。

3. 不管美国和中国的关系好不好，不管_____，

_____。

● 相当（V/Adv./Adj.）

1. 有的中国人认为大学校长的职务相当于一个市长的职务。

2. 有人说这部电视剧相当好，可是我一点都不喜欢看。

3. 大卫说这两个人的能力相当，可是我觉得第二个人更聪明一些。

● 似乎

1. 虽然这辆车看上去不错，但似乎不值那么多钱。

2. 他虽然看上去很高兴，但似乎_____

_____。

3. 他看上去似乎有点不高兴，但实际上_____

_____。

● **具体地 V**

1. 对这个问题我们不能轻易地作决定，应该具体地分析一下。

2. 其实，这件事如果我们具体地想一想就会明白，＿＿＿＿＿＿＿＿＿＿＿

＿＿＿＿＿＿＿＿＿＿＿＿＿＿＿＿＿＿＿＿＿＿＿＿＿＿＿＿＿＿＿。

3. 虽然你看别人做这件事比较容易，可是如果你不具体地去做，你就不知道＿

＿＿＿＿＿＿＿＿＿＿＿＿＿＿＿＿＿＿＿＿＿＿＿＿＿＿＿＿＿＿＿。

● **随时**

1. 请你不必客气，遇到问题随时给我打电话。

2. 老张虽然说她随时都可以帮助我，可是现在是半夜，＿＿＿＿＿＿＿＿＿

＿＿＿＿＿＿＿＿＿＿＿＿＿＿＿＿＿＿＿＿＿＿＿＿＿＿＿＿＿＿＿。

3. 他说他喜欢住在纽约的一个原因是他随时都能够买到可口的中国饭。

● **真心实意（诚心诚意）**

1. 你必须真心实意地对待别人，别人才能真心实意地对待你。

2. 人家真心实意地请你，你就赶快去吧，别让人老等着。

3. 他已经诚心诚意地向你道歉了，你不应该总是记着别人的错误。

练习

一、根据课文的内容回答下列问题：

1. 为什么中国人认为他们是世界上最讲究礼貌的民族？

2. 中国人为什么要求年轻人尊重老年人，听老年人的话？

3. 中国的传统文化对读书人有些什么样的特殊要求？

4. 为什么古代的中国人把地方上的行政长官叫做"父母官"？

5. 中国古代有着什么样的等级制度？为什么有些人有特权？

6. 说说中国人的"关系"。中国人之间是怎样建立"关系"的？

7. 什么是中国人说的"面子"？中国人为什么那么讲究"面子"？别的国家的人也那么讲究"面子"吗？

8. 为什么中国人常常说"吃亏是福""难得糊涂"？

二、用下列的词造句子：

1. 自认为：

2. ……，因而……

3. 相对：

4. 轻易：

5. 关怀：

6. 优先：

7. 信用：

8. 注重：

9. 过分：

10. 成心：

三、找出下列每组词中的近义词或同义词：

> 具有　　　　有　　　　　拥有

> 因而　　　　而且　　　　因此　　　　　因为

> 悠久　　　　历史　　　　古老

> 相对　　　　相当　　　　相同　　　　　相等

> 轻易　　　　容易　　　　随便　　　　　轻松

> 榜样　　　　模范　　　　栋梁

> 修养　　　　培养　　　　水平

> 随时　　　　及时　　　　马上

> 关怀　　　　关心　　　　想念　　　　　怀疑

> 称赞　　　　称呼　　　　表扬

> 对付　　　　应付　　　　对待

> 注重　　　　重视　　　　关注

> 故意　　　　成心　　　　诚心　　　　　随意

> 厚道　　　　善良　　　　道德

> 忍让　　　　吃亏　　　　大方

四、选词填空：（轻易、稳定、具有、相当、称赞、因而、似乎、自认为、故意、对付、注重）

1. 凡是_____大学学历的人都能申请这个工作。

2. 虽然白丽_____她很聪明，可是每次大家都看出了她的想法。

3. 刘一民整整一个学期学习都很努力，_____在这个学期末他得到了很好的成绩。

4. 最近几年美国的经济情况不太_____，今年下半年会好一些吗？

5. 做这件事需要花_____多的时间，我看你还是别做了。

6. 孙老师从来不_____表扬人或批评人，今天她生了这么大的气，我想一定是有原因的。

7. 我觉得张老师的话虽然听起来像是在_____你，可是仔细想想里面_____也有批评的意思。

8. 我们不只是要看他怎么说，而更要_____看他怎么做。

9. 虽然这个问题很难_____，但小王有足够的电脑知识，我相信他一定能处理好它。

10. 虽然他说他从来都不会成心伤害别人，可是我总觉得他这样做是_____的。

五、用括号里的词改写句子：

1. 刘小姐是学习中国历史的，她在这方面的知识很丰富，你有什么问题都可以去请教她。（因而）

2. 虽然小李觉得他在电脑方面很有两下子，可是别人都认为他的电脑水平一般。（自认为）

3. 沙丽几乎从来都不主动告诉别人她的看法，有的人说她这样做很聪明，有的人说她这样做会失去朋友。（轻易 ）

4. 她说她实在不喜欢小白，就是小白再有钱、工作再好她也不愿意嫁给他。（不管……不管……）

六、写作练习：

1. 用一句话来总结出课文中每一段的意思。

2. 用三句话来概括（summarize）出这篇课文的主要内容和观点。

3. 写一篇短文谈谈你所了解的中国文化的传统。

4. 作文：我所认识的中国人

第二课　请客吃饭与面子问题

据《北京日报》报道，北京的一家很有名的大饭店"全聚德"最近因为实行了一种新的营业方法而受到了顾客的欢迎，使他们的顾客越来越多，生意越来越好。这种新的营业方式就是提醒顾客别大吃大喝，别在饭店花太多的钱、点太多的酒和菜，别太浪费。

刚刚看到这个报道，会觉得有点奇怪。大家都知道，开饭店的一个主要目的就是赚钱，所以很多饭店都是想尽办法劝客人多点<u>昂贵</u>的菜、多喝高价的酒、多花钱。"全聚德"为什么要劝客人少花钱呢？他们这样做还能赚到钱吗？

报纸上的报道回答了我们的疑问。实行了新的方法以后，这家饭店不但赚到了更多的钱，而且吸引了更多的顾客。这到底是为什么呢？原来，这家饭店充分研究了顾客的心理，用劝顾客少浪费、少点<u>多余</u>的菜的办法受到了顾客的尊敬和喜爱。

根据传统的中国风俗习惯，中国人请客的时候往往喜欢<u>摆阔</u>，就是尽量地点很多的菜、尽量地点贵菜、买好酒。主人请人吃饭时花钱一定要多，准备的东西一定要让客人吃不了，要剩下很多，这样才显得主人有钱、大方、会办事。如果点的菜正好或剩下的不多，即使所有的人都吃得很饱、很舒服别人也会说请客的人小气。中国人请客往往非常大方，他们常常为了请一次客而花掉自己半个月甚至一个月的工资。正是因为有着这样的传统习惯，中国人请客的时候往往准备很多很多的饭菜，有时请五个人准备的饭菜十个人也吃不了！

　　因为准备的食品太多，吃不了往往就浪费了。由于中国人有请客吃饭的习惯，这么大的国家，这么多的人口，请客的人当然很多，这样中国人每年在这方面的浪费是很惊人的。据有关资料统计，中国每年只是在吃喝上浪费的粮食就有几百万吨（ton）！更不必说还有大量的鱼肉、海鲜、蔬菜和其他食品。据报道，一些吃过中国人宴请的外国人惊讶地说："如果从餐桌上看中国，它比所有的发达国家还发达。"

　　中国人请客吃饭这么浪费，其实中国人自己也不是不心疼，只是因为这已经是中国上千年来的习惯和传统，他们没法反对或不遵守。"全聚德"正是看准了中国人的这种心理，因此在这方面做文章来赢得了顾客和欢迎。

　　"全聚德"想了些什么样的办法来得到了顾客的欢迎呢？

　　首先，在"全聚德"吃饭时，饭店服务人员主动提醒客人适量点菜，并指导顾客点菜，做到点的菜又好吃又不浪费，既少花钱又不失面子。第二，对在"全聚德"吃完了所点的菜的客人它们给以奖励，赠送这样的顾客优惠卡、餐券或食品等。

　　实行了这种方法，"全聚德"受到了顾客的赞扬和热烈欢迎。根据"全聚德"饭店的统计，现在，虽然吃饭客人的人均消费有所下降，但因为这个方法让顾客省了钱又有面子，顾客感到亲切、可信、放心，顾客满意了，回头率高了，"全聚德"赢利当然也就高了。

　　"全聚德"研究和了解了顾客的消费心理，既方便顾客减少了浪费，又增加了自己的营业额，同时也改变了传统的不好习惯。这种方法值得我们学习。

根据 2001 年 8 月 1 日 "北京新闻" 改写

生 词
VOCABULARY

1．昂贵　　　áng'guì　　　expensive；costly

2．多余　　　duōyú　　　 unnecessary；surplus；superfluous；uncalled – for

3．摆阔　　　bǎikuò　　　parade one's wealth

4．小气　　　xiǎoqì　　　stingy；mean；narrow – minded

5．惊人　　　jīngrén　　　astonishing；amazing；alarming

6．统计　　　tǒngjì　　　 statistics

7．宴请　　　yànqǐng　　　entertain（to dinner）；fete

8．惊讶　　　jīngyà　　　 amazing；astounded

9．心疼　　　xīnténg　　　love dearly；feel sorry；be distressed

10．做文章　　zuòwénzhāng make an issue of；write an essay

11．适量　　　shìliàng　　　appropriate amount

12．奖励　　　jiǎnglì　　　 encourage and reward；award

13．优惠卡　　yōuhuìkǎ　　preferential card；favorable card；coupon

14．人均消费　rénjūnxiāofèi　per capita consuming

15．回头率　　huítóulǜ　　　percentileof the consumers return back because of the good service

16．赢利　　　yínglì　　　 profit

Exercise One：Remembering Detials

再次细读本文并指出下列句子提供的信息是对的（*True*）还是错的（*False*）。如是错的，请改成正确的答案：

1.“全聚德”提醒顾客大吃大喝，所以赚了很多钱。（　　）
2.“全聚德”劝客人不要浪费，受到了顾客们的欢迎。（　　）
3.中国人的传统是请客时花钱越多越好、越客气。（　　）
4.中国旧的传统鼓励人们在请客时摆阔浪费，准备的东西让客人吃不了，这是一种不好的习惯。（　　）
5.有的中国人请一次客要花掉一年的工资。（　　）

6. "全聚德"了解了顾客不愿意浪费的心理，所以成功了。（　　）

7. "全聚德"给不浪费的顾客奖励，送给他们优惠卡。（　　）

8. 实行了新办法后，"全聚德"的顾客有所下降。（　　）

Exercise Two: Analyzing Ideas

选择下面提供的哪种回答最接近文章提供的事实并完成句子：

1. 实行了新的营业方法后"全聚德"_____。
   a. 太浪费　　　　　　b. 很受欢迎　　　　　c. 生意不好

2. 一般人认为，开饭店的主要目的是_____。
   a. 多花钱　　　　　　b. 劝客人喝酒　　　　c. 赚钱

3. 传统的中国习惯是，请客时要_____。
   a. 多喝酒　　　　　　b. 大方　　　　　　　c. 吸引顾客

4. 吃过中国人宴请的外国人认为中国人_____。
   a. 非常有钱　　　　　b. 爱要面子　　　　　c. 浪费

5. "全聚德"指导顾客点菜是为了_____。
   a. 不浪费　　　　　　b. 多赚钱　　　　　　c. 统计

Exercise Three: Synonyms

根据上下文的意思，找出句子中的同义词：

1. 很多饭店想尽办法劝客人多点**昂贵**的菜、多喝高价的酒。
   a. 非常贵　　　　　　b. 不太贵　　　　　　c. 比较贵

2. 根据传统的中国风俗习惯，中国人请客时往往喜欢**摆阔**。
   a. 赚钱　　　　　　　b. 请多余的人　　　　c. 显示有钱

3. 中国人每年在请客吃饭上的浪费是很**惊人**的。
   a. 让人羡慕　　　　　b. 让人佩服　　　　　c. 让人害怕

4. "全聚德"的服务人员劝顾客们要**适量**点菜。
   a. 根据需要　　　　　b. 少量　　　　　　　c. 大量

5. 中国人请客吃饭这么浪费，其实他们自己也不是不**心疼**。
   a. 吹牛　　　　　　　b. 难过　　　　　　　c. 大方

6. 由于"全聚德"的服务好，顾客满意，它的**回头率**就高了。
   a. 再来的顾客　　　　b. 大方的顾客　　　　c. 放心的顾客

Exercise Four: Discussion Questions

1. "全聚德"为什么成功了？你觉得它的方法怎么样？

2. 中国人请客吃饭时为什么喜欢点太多的菜或花太多的钱？中国人喜欢浪费吗？

3. 中国人请你吃过饭吗？你觉得中国人对客人热情对不对？如果不对，你愿意中国人怎么对待你？如果对，你愿意学中国人的习惯吗？

4. "全聚德"的服务人员为什么要指导顾客点菜？顾客为什么愿意接受他们的指导？

第三课　美国人走不走后门

　　我是一个美国人，大学的博士研究生，我的专业是东亚研究。我学过八年的汉语，在中国大陆和台湾各生活过两年，很了解中国人的情况。所以我可以比较客观地了解它们的问题。顺便说一句，因为我学得努力，我的汉语说得不错。平常我跟中国人打电话，如果我不说，他们猜不出我是外国人。

　　在中国生活了几年，有人问我对中国人的印象怎么样，说实在的，我的印象还真的不错。中国人很友好，对别人很客气，对外国人也很大方，喜欢交朋友，不计较钱，文化修养也不错。但是，中国现在正处于一种新的发展阶段，在经济上、社会制度的健全化和环境治理上仍然有一些问题。我认为，走后门在中国也是一个社会问题。

　　我用我的经验证明上面说的话大部分是真的。可是我想说明的是，你也许不相信：一般的中国老百姓并不喜欢走后门拉关系，大部分的中国人都恨走后门。

　　为什么呢？让我们想一想，如果没有走后门，没有到处拉关系，那么人人都应该是平等的。有人走了后门，他们就先得到了照顾，那么这个社会就不平等了。另外，一般的老百姓并没有很多的事情要办，经常需要走后门的都是有钱有势的人，他们走后门是想让自己钱更多，势更大，他们钱多势大对老百姓并没有什么好处，老百姓为什么要喜欢走后门呢！

　　在中国生活的几年里，我常常听到中国人说：你们美国多好，做事情从来不拉关系走后门！我也常常为这个感到高兴和自豪。可是仔细想一想，我们美国真的那么公平和优秀吗？美国人真的不拉关系走后门吗？我越想越怀疑，因为我只要一闭上眼，我马上就能想到很多美国人走后门的坏例子。难道我们能只说中国人走后门吗？

我们美国人也是走后门的呀！

比如，最近几年，美国和中国的经济贸易关系越来越多，因为我汉语好，我常常被请去当翻译。我发现美国的公司非常会走后门。它们往往对来美国参观或签合同的中国代表团十分客气，差不多是有求必应。它们让中国代表团吃最好的龙虾大餐，住高级宾馆，只要中国代表团想到的事情它们一定去做好。

这些公司这样做并不傻，因为它们知道，代表团的人手上都有很大的权力，它们也知道中国人要面子，而对中国人尊敬和客气，它们往往就会得到好处。它们知道，中国人不愿意和别人争论，特别不好意思和那些天天对他们很客气的人争论，因此，美国商人有时仅仅花很少的钱，得到的却是很大的便宜。

不只是在商业上，其他方面美国人也非常会走后门。比如美国有钱人的孩子考不上名校他们可以通过"捐献"金钱或设基金的方式让他们的子女上名校这一点连被称为最会走后门的中国人都做不到。此外，美国人"走后门"的一个最丢人的例子是申请2002年犹他州的冬季奥运会，这件丑事全世界都知道了，谁也瞒不住。在美国，连美国总统都走后门。比如已经臭名远扬的"伊朗门"事件和到现在还没结束的"白水"案件等等就是例子。还有一个众所周知的走后门的例子，那就是美国的总统下台以后常常被一些大的公司聘请为高级顾问并拿很高很高的薪水。其实人人都知道，这些公司并不真的需要这些下台总统给它们顾什么问，它们需要的是利用下台总统的各种关系网去赢利和得到更大的好处。从这些方面看，你能说美国人走后门不如中国人吗？美国人差不多在什么事情上都是世界第一，在走后门上我并不认为我们会输给中国人。

生　词
VOCABULARY

1.　研究生　　　　yánjiūshēng　　　graduate student

2.	各	gè	every; each
3.	客观地	kèguānde	objectively
4.	顺便	shùnbiàn	conveniently; in passing; by the way
5.	印象	yìnxiàng	impression
6.	实在	shízài	honest; indeed; frankly
7.	计较	jìjiào	haggle over; fuss about
8.	势	shì	power, force, influence
9.	优秀	yōuxiù	excellent; outstanding; splendid
10.	怀疑	huáiyí	doubt; suspect
11.	翻译	fānyì	translate; interpret; translation
12.	合同	hétóng	contract
13.	有求必应	yǒuqiúbìyìng	respond in every plea; grant whatever is requested
14.	龙虾	lóngxiā	lobster
15.	傻	shǎ	naïve; stupid
16.	捐献	juānxiàn	donate; donation
17.	基金	jījīn	fund; foundation
18.	丑事	chǒushì	scandal;
19.	瞒	mán	hide truth from
20.	顾问	gùwèn	advisor; consultant

Exercise One: Remembering Detials

再次细读本文并指出下列句子提供的信息是对的（*T*rue）还是错的（*F*alse）。
如是错的，请改成正确的答案：

1. 作者在中国生活过八年，他认为和台湾人交流不容易。（　　）

2. 作者认为他可以比较客观地了解大陆和台湾的关系问题。（　　）

3. 作者的汉语说得非常好，如果只听他说话，人们往往以为他是中国人。
   （　　）

4. 作者在中国生活了几年，对中国的印象很不好。（　　）

5. 在中国，如果你喜欢拉关系走后门，你将寸步难行。（　　）

6. 在中国，老百姓并不喜欢走后门。（　　）

7. 美国的商人也喜欢走后门，特别喜欢对付中国人。（　　）

8. 美国公司给中国人"零花钱"是为了报答他们。（　　）

Exercise Two: Analyzing Ideas

选择下面提供的哪种回答最接近文章提供的事实并完成句子：

1. 作者说他比一般中国人都了解中国人是因为他_____。
   a. 了解大陆和台湾两地　　b. 是博士研究生　　　　　c. 是美国人

2. 作者认为中国难办的问题是_____。
   a. 法律和制度　　　　　　b. 很多限制　　　　　　　c. 混乱

3. 一般中国人不喜欢走后门是因为_____。
   a. 没有钱　　　　　　　　b. 不平等　　　　　　　　c. 没有关系

4. 美国公司对中国代表团客气是因为_____。
   a. 可以得到零花钱　　　　b. 可以得到好处　　　　　c. 可以交朋友

5. 美国公司请下台的总统当顾问是因为_____。
   a. 他们有关系网　　　　　b. 他们有名　　　　　　　c. 他们有知识

Exercise Three: Synonyms

根据上下文的意思，找出句子中的同义词：

1. 大陆人和台湾人<u>交流</u>不容易，而更少有人能了解对方的文化。
   a. 做生意　　　　　　　　b. 互相了解　　　　　　　c. 交朋友

2. 即使你一切都是合理合法的，如果你没有关系或后门，你也会<u>寸步难行</u>。
   a. 工作很慢　　　　　　　b. 不能工作　　　　　　　c. 发现问题

3. 一般老百姓不需要走后门，常走后门的是些有钱有<u>势</u>的人。
   a. 力气　　　　　　　　　b. 本领　　　　　　　　　c. 权力

4. 美国公司对中国代表团很客气，几乎是<u>有求必应</u>。
   a. 帮一部分忙　　　　　　b. 帮所有的忙　　　　　　c. 热烈欢迎

5. 这件丑事全世界都知道了，谁也<u>瞒</u>不住。
   a. 藏起来　　　　　　　　b. 表现出来　　　　　　　c. 告诉别人

6. 还有一个<u>众所周知</u>的例子，那就是美国总统下台后常常被有的公司用很高的
   薪水聘请去做顾问。
   a. 非常有名　　　　　　　b. 大家都喜欢　　　　　　c. 特别全面

Exercise Four: Discussion Questions

1. 这篇文章的作者喜欢不喜欢走后门？他熟悉中国大陆的文化还是熟悉台湾的
   文化？

2. 这篇文章的作者觉得中国人怎么样？他喜欢中国的哪些方面，不喜欢哪些方

面？

3. 中国的老百姓喜欢走后门吗？为什么中国有那么多的人走后门？

4. 美国人走后门吗？美国人怎么走后门？

5. 作者是怎样知道美国人走后门的？请举例说明。

6. 作者为什么说："在走后门上我并不认为我们会输给中国人"？你对这个问题有什么看法？

预习提示:
Before You Started:

1. 你知道中国人的性格是如何形成的吗？中国人为什么不喜欢直接表达自己的思想感情？
2. 中国人为什么喜欢帮助人？他们对友情有什么看法？中国人为什么注重集体的利益？
3. 中国的文化传统怎样影响了中国人今天的生活？

第四课　中国礼俗

　　中国人的礼俗的另一个重要的特点是强调**中庸**之道。中国人在待人接物或处理社会问题时不愿意走**极端**。如果某人做错了事，他自己知道错了，也愿意改，问题已经明白了，中国人不愿意非得逼着他认错。中国人总愿意给别人留一条**退路**，中国人讲究**含蓄**和**心照不宣**。中国人自己即便有了**高明**的主意也并不愿意**炫耀**，聪明的中国人不太愿意暴露自己的才能。中国人非常注重一个人的信誉和**诺言**。这种信誉不是靠写在纸上的合同和**契约**来约束的。一般情况下，中国人不喜欢用签合同立字据的形式来约束自己的行为。中国人认为说过的话就应该永远算数。中国人常说，"大丈夫一言，驷马难追"、"说出去的话，泼出去的水"、"一诺千金"。那就是说，一个人应该永远遵守自己的诺言，不管这个诺言是不是写在了纸上。一个人如果说话不算数，在中国，叫做"**食言**"。食言的人会让别人看不起，如果一个人常常对朋友食言，他就不会有真正的朋友了。中国人和别人相处时非常讲究礼貌，他发现别人做错了或伤害到自己时一般不马上批评别人或立刻指出来，而是先**暗示**他们去认识和改正自己的错误。除非对方太**笨**或太不知道**自爱**，中国人很少直接和对方发生**冲突**。

西方有很多人常常说中国人不喜欢说"不"。其实，**基于**上面我们谈到的道理，我们应该知道，在大多情况下中国人**不必**说不。我认识的一位老师曾经说过，我们中国人有一百种方法去不用说"不"来表达"不"的意思。

中国人有着极强的**报恩**思想。别人帮助过你你应该永远记得并寻找机会报答他。"**忘恩负义**"是中国人对人的一种最强烈的**责备**。虽然如此，中国人在帮助别人时并不希望他们的**回报**，帮助熟人时如此，帮助**陌生人**时也是这样。"济人然后拂袖去"是一种最高的**美德**。中国人帮助别人时不应该想着让别人回报，很多帮助别人的人**甘**当无名的助人者。中国人非常注重友情，为了帮助朋友，他们往往可以不顾一切，有时甚至可以去**冒**生命的**危险**。中国人帮助了朋友大家都认为是应该的，是**理所当然**的。当然，帮助过别人的人不应该始终记着他给别人的**恩惠**，但被帮助的人却永远不应该忘记这些。报答别人给自己的恩惠并不要求马上**兑现**，在中国历史上，有着很多过了几十年甚至到了下一代人还仍然在报恩的故事。传统的中国礼俗要求中国人应该讲**义气**、重友谊，为朋友两肋插刀。"你敬我一分，我敬你一丈"，"受人滴水之恩，当以**涌泉**相报"。知恩不报非**君子**。中国人最看不起的是知恩不报的"**小人**"。

中国传统礼俗的另一个重要特点是注重**集体**的利益和**尊严**。我们往往可以看到，在和中国人相处的时候，他们非常注重家族或团体的利益。中国人很少为了自己个人的利益而**牺牲**家族或团体的利益，即使你给他很大的好处。这儿并不是说所有的中国人都是那么"**大公无私**"，而是说明中国社会是一个有着相当的集体**约束力**的社会，有时即使当事人想牺牲集体的利益，他也不敢。由于有着极强的集体**荣誉感**，中国传统礼俗要求人们事事以集体的利益为重。不管任何人，如果他伤害到了集体的利益，就一定会受到共同的反对。对一个外来人来说，尊重一个中国人、想跟他做朋友就应该尊重他的**家族**、朋友和他的团体，特别是要尊重他的长辈或老师。中国人有尊重长辈和老师的传统。去一个不太熟悉的中国人家里，我们往往先去问候一下他家的长辈，对长辈的尊敬常常表示出对这个家庭的尊敬。同时，对一个朋友的友情也表现在对他的老师或**师傅**以及家人的尊敬上。自古以来，中国人有着尊敬老师的传统。即使学生们后来比老师的**地位**高了、学问好了，他们也永远尊重老师。中国人讲究"一日为师，终身为父"的道理。所以，熟悉中国文化礼俗的人一般不会当着朋友的面**议论**他们的老师、家人或说他们的坏话。

生　词
VOCABULARY

1. 中庸	中庸	zhōngyōng	（形）	中间:不左也不右,不偏向任何一个方向; the doctrine of the mean
2. 极端	極端	jíduān	（形）	绝对的,达到顶点的; extreme
3. 退路	退路	tuìlù	（名）	往后退的路;可以后退、可以商量的办法 the route of retreat
4. 含蓄	含蓄	hánxù	（形）	不明显的,必须仔细了解的 contain; embody; implicit
5. 心照不宣	心照不宣	xīnzhàobùxuān	（习）	大家心里都知道,但都不说出来
6. 高明	高明	gāomíng	（形）	看法和能力比别人高 wise; brilliant
7. 炫耀	炫耀	xuànyào	（动）	对自己的聪明很得意,展示给别人看 to show off; make a display of
8. 诺言	諾言	nuòyán	（名）	允许别人的事;答应别人的话 a promise; keep one's words

9. 契约	契約	qìyuē	（名）	约定的凭据；书写的合同；contract；deed
10. 食言	食言	shíyán	（动）	撒谎,答应别人的话不去做 break one's promise
11. 暗示	暗示	ànshì	（动）	用不明确的方法来表示；hint
12. 笨	笨	bèn	（形）	不聪明；糊涂；stupid；foolish；dull
13. 自爱	自愛	zìài	（动）	对自己的爱；对自己的尊重 self－respect
14. 冲突	冲突	chōngtū	（名）	发生了矛盾或争论；conflict
15. 基于	基于	jīyú	（连）	在……情况下；based on …
16. 不必	不必	búbì	（副）	没有必要；unnecessary
17. 报恩	報恩	bào'ēn	（动）	报答别人对自己的恩情和帮助 pay a debt of gratitude
18. 忘恩负义	忘恩負義	wàng'ēnfùyì	（习）	忘记别人对自己的恩德,对不起别人对自己的好意 devoid of gratitude；ungrateful
19. 责备	責備	zébèi	（动）	批评和抱怨别人 blame the others
20. 回报	回報	huíbào	（动）	报答别人对自己的恩情和帮助；pay a debt of gratitude
21. 陌生人	陌生人	mòshēngrén	（名）	不认识的人；生人；stranger
22. 美德	美德	měidé	（名）	美好的道德 virtue；moral excellence
23. 冒危险	冒危險	màowēixiǎn	（动）	遇到不安全的事情 encounter danger；take risk
24. 理所当然	理所當然	lǐsuǒdāngrán	（习）	应该的；正确的 of course；naturally

25.	恩惠	恩惠	ēnhuì	（名）	恩情和帮助 favor; kindness
26.	兑现	兑現	duìxiàn	（动）	实现答应过的事或应该做的事; honor (a commitment, etc.); fulfill; make good
27.	义气	義氣	yìqì	（名）	讲公道,重视感情,帮助朋友 code of brotherhood; personal loyalty
28.	涌泉	涌泉	yǒngquán	（名）	很多的正在流的泉水 running spring
29.	君子	君子	jūnzǐ	（名）	有知识、有道德的人 gentlemen
30.	小人	小人	xiǎorén	（名）	坏人,没有道德的人 villain; vile character
31.	集体	集體	jítǐ	（名）	很多人在一起的群体 a group
32.	尊严	尊嚴	zūnyán	（名）	受尊敬的庄严的地位或身份 dignity
33.	牺牲	犧牲	xīshēng	（名/动）	为了自己的理想和信仰而放弃生命和权益 sacrifice oneself; die a martyr's death
34.	大公无私	大公無私	dàgōngwúsī	（习）	一切为了别人,从来不想到自己 selfless; unselfish
35.	约束	約束	yuēshù	（名/动）	管理并限制,使不出范围 control; keep within bounds; restrain
36.	荣誉感	榮譽感	róngyùgǎn	（名）	为一种东西感到骄傲和光荣 the senseof honor
37.	家族	家族	jiāzú	（名）	大的家庭和它的组织 clan; family
38.	师傅	師傅	shīfu	（名）	徒弟对老师的尊称; master

| 39. 地位 | 地位 | dìwèi | （名） | 位置；站立的地方；position; place; status |
| 40. 议论 | 議論 | yìlùn | （名/动） | 谈论别人的事情 discuss; talk about |

习惯用语和特殊表达用语

中庸之道：不偏激，既不强调一个方面，也不强调另一个方面。

1. 中庸之道是中国传统哲学的一个重要的观点，到了后来，中庸之道又成了中国人社会习惯的一个部分了。

2. 有的人说，遇到事情既不说好也不说坏就是中庸之道。其实中庸之道决不是那么简单。这种理解是很浅薄的。

心照不宣：心里明白但不说出来。[宣] 宣布，公开地告诉别人。

1. 这件事其实大家都明白，只是心照不宣罢了。

2. 这件事并不是一件让人高兴的事，所以虽然大家都知道，但都心照不宣，不愿意说出来。

大丈夫一言，驷马难追：男人说出去的话，一定要说到做到。[驷] 驾同一辆车的四匹马。

1. "这件事我一定说到做到！你们放心，大丈夫一言，驷马难追。不信你们明天看吧。"

2. 这个人天天说他说话算数，大丈夫一言，驷马难追，没想到这次所有的人都被他骗了。

说出去的话，泼出去的水：说过的话一定做到。（泼出去的水再也收不回来，用来比喻说出去的话没有办法改变）

1. 老张咬了咬牙说："你们放心，我说出去的话，泼出去的水。我说明天办完这件事就一定明天办完。"

2. 看到小李有点后悔，大家说："怎么，后悔了？说出去的话，泼出去的水……."小李说："谁说我后悔了？我当然说话算数！"

一诺千金： 答应别人的事情就一定做到。说过的话像金子一样宝贵。[诺] 答应或同意。

1. 你别看这个人平时很随便，可是他很讲义气，凡是他答应的事都是一诺千金，一定说到做到。
2. 中国过去的传统讲究一诺千金，现在很多人往往说话不算数，所以有的人说现代人不如古代的人诚实。

忘恩负义： 忘掉别人对自己的恩惠，背叛别人的情义。[负] 辜负、背叛。

1. 我们过去常常帮助他，没想到他这么忘恩负义。
2. 我们认为，忘恩负义不是一个人的性格问题，而是一个道德问题。

济人然后拂袖去： 帮助人以后不想得到别人的感谢而轻松地离开。[济] 帮助，救济。[拂] 摇摆一下。

1. 中国古代的功夫小说上常常写一些武士喜欢帮遇到危险的人，他们济人然后拂袖去，帮助了别人却不求感激。
2. 英国的 Romance 传说中常常写到一些骑士（Knights）喜欢济人然后拂袖去的故事。

理所当然： 按道理应该这样做。[然] 如此。

1. 你不必客气，你遇到了困难，帮助你是理所当然的事。
2. 他的父母都是法国人，他又是在法国长大的，他法语说得流利是理所当然的事情。

你敬我一分，我敬你一丈： 中国人的一种处世观点：你如果尊敬我，我会加倍地尊敬你，以便大家建立良好的关系。

1. 他们两人的关系本来就不错，后来你敬我一分，我敬你一丈，感情就更好了。
2. 虽然刚开始时我不太喜欢他，可是他对我很尊重。这样大家你敬我一分，我敬你一丈，不久就渐渐变成了合作伙伴。

受人滴水之恩，当以涌泉相报： 即使受到别人小的帮助和恩惠，也要想着用最大的恩惠来报答。[涌泉] 奔腾的泉水，很多的水。

1. 中国古代传统强调受人滴水之恩，当以涌泉相报，如果别人帮助过你，你应当一生中永远记住。
2. 妈妈常说受人滴水之恩，当以涌泉相报，我们永远不应该忘记在我们困难的时候帮助过我们的人。

知恩不报非君子：中国人的一种传统观念：如果别人帮助过你或救过你，你应当永远想着要报答，不然你就不是一个好人。

1. 他流着泪说："知恩不报非君子，这次就是为他而死，我也要去帮助他！"
2. "虽然你现在很有钱了，可是知恩不报非君子。当年要不是他帮助过你，你不会有今天。"

大公无私：一心为公，从来不考虑自己的利益。

1. 只有大公无私的人才能够做一个好的领导。
2. 有人说，现在大公无私的人越来越少了。

一日为师，终身为父：只要当过一天你的老师，你一辈子要像尊敬父亲那样尊敬他。

1. 中国人过去非常尊敬读书人或老师，他们常常说：一日为师，终身为父。有时老师说错了，学生也不能指出来。这样很不合理。
2. 老王到了美国以后才发现，美国的学生和中国学生很不一样，美国学生完全没有一日为师，终身为父的中国传统观念。

句型和词汇用法

● **极端**

1. 中庸之道的主要内容就是让人们不要专门强调任何一方，不要走极端。
2. 大家都劝白大卫不要这样做，因为这是一个极端错误的想法。
3. 你如果这样做会有一个极端可怕的结果，＿＿＿＿＿＿＿＿＿＿＿＿＿＿＿

＿＿＿＿＿＿＿＿＿＿＿＿＿＿＿＿＿＿＿＿＿＿＿＿＿＿＿＿＿＿＿＿。

● **非得**

1. 王老师说并不是每一个想学中文的人都非得去中国。
2. 虽然我说了我今天晚上没有空，可是她说今晚我非得跟她一起去看看她的男朋友。
3. 如果你认为我非得学会中文你才跟我结婚，＿＿＿＿＿＿＿＿＿＿＿＿＿＿

＿＿＿＿＿＿＿＿＿＿＿＿＿＿＿＿＿＿＿＿＿＿＿＿＿＿＿＿＿＿＿＿。

● 暗示

1. 小张告诉我老李并没有告诉他这样做，而只是暗示他这样做的。

2. 虽然大家都暗示了他，可是他并没有看出来。

3. 你不必暗示他，_____

_____。

● 即使

1. 你别逼他去了，他的爸爸不让他去，即使他真的想去，他也不敢去。

2. 虽然他喜欢看电影，可是他没有钱，即使他有了钱，他也要先考虑吃饭问
题。所以他年轻时几乎就没看过什么电影。

3. 即使我到了中国_____

_____。

● 基于

1. 基于这次暴风雨带来的影响，最近的交通一直有问题。

2. 基于中国文化中敬老爱幼的传统美德，这些年轻人都知道首先照顾好老人和
孩子，然后再考虑自己。

3. 基于他已经犯过三次这样的错误了，我认为_____

_____。

● 冒危险

1. 今天纽约十分不安全，出现了爆炸（explosion）事件，我是冒着很大的危险
来上课的。

2. 下这么大的雨，而且有雷暴，你这样出去会冒危险的。

3. 谁说他愿意为了朋友去冒危险，其实_____

_____。

 练习

一、根据课文的内容回答下列问题：

1. 什么是中庸之道？你觉得中庸之道对不对？它对在什么地方，不对在什么地
方？

2. 中国人的文化习惯和西方的文化习惯有很大的不同，比如中国人不喜欢写合同或契约而是根据别人说的话来相信人，你觉得这种习惯好不好？你和别人相处时，是不是要靠合同来相信人？

3. 如果你看到了别人做错了事，你是马上指出来还是先暗示他们？为什么？

4. 为什么中国人不喜欢说"不"？中国人怎样表达自己的情感？

5. 为什么说"忘恩负义"是中国人对人的一种最强烈的责备？中国人帮助了别人都等待别人回报吗？你认为为了帮助朋友不顾一切、冒生命危险对不对？为什么？

6. 中国人为什么注重集体的利益和家族的利益？

7. 为什么要尊重一个中国人、想和他交朋友你就必须尊重他的长辈和老师？

二、用下列的词造句子：

1. 极端：

2. 含蓄：

3. 心照不宣：

4. 炫耀：

5. 自爱：

6. 忘恩负义：

7. 理所当然：

三、找出下列每组词中的近义词或同义词：

➢ 中庸	中间	中层	中部
➢ 极端	特别	积极	绝对
➢ 含蓄	包含	模糊	明显
➢ 暗示	表示	展示	指示
➢ 基于	根据	关于	由于
➢ 责备	准备	批评	抱怨
➢ 约束	约会	限制	约定

四、选词填空：（约束、责备、含蓄、暗示、牺牲、炫耀）

1. 约翰最近买了一辆 BMW，他非常高兴，见到谁就向谁_____。

2. 这个人平时说话非常_____，如果你不仔细想你很难猜出他的意思。

3. 他已经_____过你很多次了，可是你一直没看出来。

4. 每当遇到了问题，他总是先_____别人，从来不想一想自己做错了哪些事。

5. 中国文化要求人们不管有多大的权力，都要注意_____自己对行为。

6. 你要想得到成功，就必须_____一些东西。比如，你就不能像别人那样有很多的时间去玩和娱乐。

五、用括号里的词改写句子：

1. 如果想学好中文，一定要到中国去住几年吗？（非得）

2. 学好中文是一件很难的事，有的人学了好多年仍然说不好。你只有好好地练习才能够真正学会。（除非）

3. 刚才我把道理已经讲得很清楚了，所以我认为你应该能做好这件事了。（基于）

4. 虽然他们后来的知识和学问都比自己的中学老师高多了，他们仍然很尊重自己中学时的老师。（即使）

5. 等到他明白了是你帮助他实现了自己的梦想的时候，他一定会非常感激你的。（一旦）

六、写作练习：

1. 用一句话来总结出课文中每一段的意思。

2. 用三句话来概括（summarize）出这篇课文的主要内容和观点。

3. 你了解中国的礼俗吗？写一篇 500 字的短文谈谈你所了解的中国人的礼俗。

4. 谈谈美国人的礼俗。比较一下美国人和中国人的礼俗，你认为它们在哪些方面有最大的不同？

5. 根据你对中国礼俗的理解，描写一位你熟悉的中国人。

第五课　中国人的送礼习俗

　　很多人都知道中国人有喜欢送礼的习惯。中国人的确喜欢送礼。中国人在需要别人帮忙时要送礼，别人帮了他们忙以后当然还要送礼。晚辈去看长辈时要给他们送礼，去看亲戚朋友时也要给他们带礼品。看老人要送礼，看孩子也要送礼；看平常的人要送礼，看病人也要给他们带礼品。在平常的日子要送礼，逢年过节当然更要送礼。这样看来，差不多送礼已经成了中国人生活的一个重要部分了。中国人那么喜欢送礼，他们怎样送礼呢？中国人送礼又有一些什么样的习惯和规矩呢？

　　中国人送礼有一些专门的讲究，比如在西方，人们往往喜欢在被邀请时给女主人送礼物，在中国人们则往往给老人和孩子带礼物。除非你跟女主人很熟悉，否则单给女主人送礼物别人看起来往往觉得不太合适。而给老人送礼物则会被认为是对整个家庭的尊重，特别是送一些好吃的东西往往永远会被认为是合适的。另外，由于小孩在家里人人都喜爱，所以给孩子带礼品全家人也都会高兴的。

　　如果表示对女主人的尊重，最好送一些鲜花或水果。这样既大方典雅又有意义。可是应该记住，不要只送给女主人红玫瑰，红玫瑰往往表示爱情，有特殊的意思。除了玫瑰，有的人觉得送菊花和荷花也不好，因为在有的地方的风俗上这些花是在葬礼上用的，送人不吉利。除此以外，中国人还不喜欢别人送给他刀子和剪子，因为那暗示着要切断和剪断友谊。有的地方认为送别人伞也会带来坏运气，因为伞的声音像"散"（fall apart）。

　　我们可以看到，有的地方送礼往往会因为声音好听而更有意义。比如过年时送人年糕因为它的声音像"高"。送结婚的人红枣、花生、桂圆（longan）和栗子因为它们的声音像"早生贵子"。有的地方的人忌讳送给别人钟，因为钟的声音像"终"（end，death），送终（to participate sb.'s funeral）。

　　最奇怪的是棺材（coffin）一般人认为是最不吉利的，但是据说广东人并不讨厌它，有的人甚至送小的棺材模型给人作礼物，因为它的声音像"官""财"，听起来像是要升官发财！

生　词
VOCABULARY

1.	的确	díquè	indeed; really
2.	逢年过节	féngniánguòjié	in theholiday's season
3.	菊花	júhuā	chrysanthemum
4.	荷花	héhuā	lotus; water lily
5.	葬礼	zànglǐ	funeral
6.	剪子	jiǎnzi	scissors
7.	桂圆	guìyuán	longan
8.	栗子	lìzi	chestnut
9.	忌讳	jìhui	taboo
10.	棺材	guāncai	coffin
11.	模型	móxíng	model; pattern

Exercise One: Remembering Detials

再次细读本文并指出下列句子提供的信息是对的（*T*rue）还是错的（*F*alse）。如是错的，请改成正确的答案：

1. 送礼是中国人生活中的一个非常重要的部分。（　　）
2. 虽然中国人喜欢送礼，但他们不愿意送给病人礼物。（　　）
3. 西方人最喜欢送给小孩子礼物。（　　）
4. 中国人最喜欢送给女主人礼物，因为它表现出了对这个家庭的尊重。（　　）
5. 送荷花在中国被认为是最高贵的礼物。（　　）
6. 送给中国人刀子或剪子很不礼貌。（　　）
7. 中国人送礼时有时候要讲究礼品的名字要好听。（　　）

8. 送礼和请客一样，在中国是一门学问。（　　）

Exercise Two: Analyzing Ideas

选择下面提供的哪种回答最接近文章提供的事实并完成句子：

1. 中国人喜欢送礼是因为_____。
   a. 社会习惯　　　　　　b. 怕被人看不起　　　　c. 喜欢做生意
2. 中国人和西方人送礼的习惯_____。
   a. 差不多　　　　　　　b. 很不一样　　　　　　c. 非常像
3. 在中国给老人送礼物常常表示对这家人的_____。
   a. 尊重　　　　　　　　b. 不太合适　　　　　　c. 喜爱
4. 有的对方给别人送菊花和荷花不礼貌因为它们表示_____。
   a. 爱情　　　　　　　　b. 不吉利　　　　　　　c. 切断友情
5. 有些广东人喜欢小的棺材模型是因为它们_____。
   a. 好看　　　　　　　　b. 忌讳　　　　　　　　c. 名字好听

Exercise Three: Synonyms

1. 很多人都知道中国人有送礼的习惯，中国人<u>的确</u>喜欢送礼。
   a. 真的　　　　　　　　b. 非常　　　　　　　　c. 并不
2. 和西方人不一样，中国人的送礼有一些专门的<u>讲究</u>。
   a. 好处　　　　　　　　b. 注意的地方　　　　　c. 认真
3. 中国人还不喜欢别人送给他们刀子或剪子，因为那<u>暗示</u>着要切断友谊。
   a. 宣布　　　　　　　　b. 不高兴表示　　　　　c. 不明确表示
4. 有的地方<u>忌讳</u>别人送给他们钟，因为听起来不吉利。
   a. 生气和害怕　　　　　b. 不愿意　　　　　　　c. 害怕和好奇

Exercise Four: Discussion Questions

1. 中国人为什么喜欢送礼？中国人最喜欢在什么时候送礼？
2. 中国人送礼和西方人送礼有什么不同？
3. 中国人认为送什么样的礼不好？为什么？
4. 中国人在送礼时讲究什么？为什么？

第六课　太聪明的杨修

我们一般都喜欢聪明人，但有时候有的人太聪明了也会让人不高兴或让人嫉妒而引起很大的麻烦。下面讲的是中国历史上一个很有名的因为聪明而又喜欢表现自己聪明最后给自己带来坏运气的故事。

中国古时候有一个非常聪明而又狡猾的君主叫曹操。曹操有很多军队，也有很多文人帮他出主意，他打仗常常能胜利。帮他出主意的人里有一个年轻人叫杨修。杨修十分聪明，他的爷爷和父亲也都是很有名的读书人。据说杨修非常有知识，差不多什么事都懂，而且他读过很多的书，很为自己的知识感到骄傲。曹操虽然喜欢他的聪明，可是很不喜欢他常常表现自己的聪明，因此曹操很嫉恨他。

曹操自己也很聪明，他当然不喜欢别人超过他自己。但曹操有时候又喜欢表现自己的聪明或用自己的聪明给别人开开玩笑，他希望别人猜不出来他的意思，可是他的玩笑每次都被杨修看懂并解答了出来，因此曹操总想找机会报复他。

比如说，有一年曹操让人修建了一座花园，修完了以后他去参观，参观完他没说自己的意见，只在门上写了一个"活"字就走了。别人都不知道曹操的意思，很着急。这件事被杨修知道了，他说不必着急，把花园的门改小一点就行了。人们不知道杨修说得对不对，但又不敢去问曹操，只好照杨修的话去做了。没想到，曹操看到了改小的门，很高兴。人们问杨修是怎么猜出曹操的意思的，杨修说："门的中间有一个'活'是'阔'字，阔就是太宽大的意思，所以我让你们把门改小了。"曹操听说是杨修猜出了他的意思，知道杨修很聪明，既高兴又想到一定要提防他。

　　一次，有人送给曹操一盒酥（crunchy candy），曹操就在上面写了"一合酥"几个字传给了别人。别人知道曹操脾气很坏，不知道怎么办。这件事让杨修知道了，他说大家一人一口把酥吃了吧。人们不敢吃，杨修说，曹操写得很清楚"一合"就是一人一口。曹操知道这次又是杨修猜出了他的意思，感到杨修有点太聪明了。

　　曹操是一个多疑的人，他总是怕人暗杀他，他说，他睡觉的时候容易做出奇怪的事情，让别人在他睡觉时别靠近他。有一天，曹操睡着了，他的佣人照顾他，他突然跳起来把这个人杀死了。别人都相信曹操说过他睡觉时容易做错事的话，只有杨修知道曹操是一个狠毒的人。这件事被曹操知道后，他更不喜欢杨修，他觉得杨修不仅是太聪明，而且有点可怕了，因为他能看透自己的想法，他觉得他一定要除掉杨修，以免他以后给自己惹麻烦。

　　有一次，曹操打了败仗，他想退兵又觉得可能胜利，想不退兵又怕失败，心里很矛盾。正在这时，军队让他给一个口令（password），曹操正在喝鸡汤，他看到鸡的肋骨（ribs）。鸡肋吃起来几乎没有肉，但仍掉又有点可惜，这正像他对当时打仗的心情，于是他就说：口令就叫"鸡肋"吧。杨修听到了这个口令，马上猜出了曹操的心情，他告诉其他的将军说，大王曹操要退兵了，我们早些作准备吧。

　　曹操发现人们已经知道了他的想法，就追问是谁说要退兵。后来知道又是杨修说的。这次他终于找到了一个借口，说杨修乱说军事秘密，最后把杨修杀死了。

根据《三国演义》故事改写

生词 VOCABULARY

1.	嫉妒	jídù	envy; jealous
2.	狡猾	jiǎohuá	cunning; sly; crafty; tricky
3.	文人	wénrén	scholar; man of letters
4.	嫉恨	jíhèn	envy and hate; hate out of jealousy
5.	报复	bàofu	make reprisals; retaliate
6.	提防	dīfáng	be awareof; guard against
7.	多疑	duōyí	suspicious
8.	暗杀	ànshā	assassinate
9.	佣人	yòngrén	servant
10.	狠毒	hěndú	vicious; venomous
11.	看透	kàntòu	understand; thoroughly; see through
12.	以免	yǐmiǎn	in order to avoid; so as not to; lest
13.	败仗	bàizhàng	lost battle; defeat
14.	退兵	tuìbīng	retreat; withdrawal
15.	矛盾	máodùn	contradictory
16.	将军	jiāngjūn	general
17.	追问	zhuīwèn	question closely; make a detailed inquiry
18.	借口	jièkǒu	excuse

Exercise One: Remembering Detials

再次细读本文并指出下列句子提供的信息是对的（*True*）还是错的（*False*）。
如是错的，请改成正确的答案：

1. 杨修的爷爷比曹操聪明，所以曹操很不高兴。（　　　）
2. 杨修平时很喜欢开玩笑，而曹操不喜欢开玩笑，所以曹操要报复他。（　　　）
3. 因为杨修很聪明，他常常能猜出曹操的意思，所以曹操有些嫉恨他。（　　　）
4. 曹操觉得杨修能看出自己的秘密，所以要杀死他。（　　　）
5. 杨修太喜欢表现自己的聪明，所以他被杀死了。（　　　）

6. 杨修的故事告诉我们有时候不应该多说话。（　　）

7. 杨修虽然很聪明，可是他不知道如何保护自己。（　　）

8. 曹操虽然喜欢聪明人，但是他不喜欢说出他的秘密的人。（　　）

Exercise Two: Analyzing Ideas

选择下面提供的哪种回答最接近文章提供的事实并完成句子：

1. 曹操嫉恨杨修是因为他_____。

    a. 喜欢吹牛　　　　　　　　b. 喜欢表现自己　　　　　　c. 太狡猾

2. 杨修猜出了曹操的意思，曹操认为_____。

    a. 他太骄傲　　　　　　　　b. 不必着急　　　　　　　　c. 要提防他

3. 曹操送给人们一盒酥，他们不敢吃，因为_____。

    a. 不好吃　　　　　　　　　b. 害怕曹操　　　　　　　　c. 杨修要吃

4. 曹操睡觉时不让人靠近他是因为_____。

    a. 怕谁不着　　　　　　　　b. 怕惹麻烦　　　　　　　　c. 怕人暗杀

5. 曹操最后杀死杨修是因为_____。

    a. 要报复他　　　　　　　　b. 不喜欢鸡肋　　　　　　　c. 打仗失败

Exercise Three: Synonyms

根据上下文的意思，找出句子中的同义词：

1. 中国古时候有一个聪明而又狡猾的君主叫曹操。

    a. 脾气不好　　　　　　　　b. 坏主意很多　　　　　　　c. 喜欢嫉妒

2. 曹操知道杨修很聪明，既高兴又想到要提防他。

    a. 小心对付　　　　　　　　b. 提高地位　　　　　　　　c. 鼓励表扬

3. 曹操觉得一定要除掉杨修，以免他以后给自己带来麻烦。

    a. 将来　　　　　　　　　　b. 避免　　　　　　　　　　c. 免除

4. 这次曹操终于找到了一个借口，把杨修杀死了。

    a. 机会　　　　　　　　　　b. 理由　　　　　　　　　　c. 口令

Exercise Four: Discussion Questions

1. 曹操是聪明人，杨修也是聪明人，曹操为什么不喜欢杨修？

2. 杨修比曹操聪明吗？曹操为什么要杀死他？

3. 一个人太聪明了好不好？中国人为什么喜欢说"难得糊涂"？

4. 你喜欢杨修这样的人吗？如果杨修为你工作，你应该怎样对待他？

5. 一个聪明人应该不应该表现自己的聪明？如果应该，他应该怎样表现自己的聪明？

第七课　寒食节的传说

　　中国古代很多的知识分子或有本领的人往往不喜欢显示自己的才能或不喜欢做官。为什么呢？一是因为有的人的性格谦虚；另外在古代，一个人如果显示出了他的才能，他往往会遭到极大的危险。

　　据说明朝的第一个皇帝曾经是一个乞丐。他开始造反时做过很多好事，因此很多知识分子和有名的将军都来帮助他，后来他成功了，当了皇帝。他当了皇帝以后，想到：我是一个没有知识的人，这么多有名的人怎么会听我的话呢？现在反正已经胜利了，我也做了皇帝，不再需要这些人的帮助了。我应该想个办法除掉他们。于是，他选了一个日子来开一个庆祝胜利的会，请了所有的帮助过他的有名的文人和将军来喝酒庆功。但是，在他们喝的酒里他放了毒药。当天夜里，当这些人还在喝酒吃饭的时候，他命令人把举行宴会的地方封起来，把所有的人都毒死并烧死了。这个有名的故事后来被人们叫做"火烧庆功楼"，它说明了皇帝的嫉妒和残酷，也说明了当官的人的狡猾和狠毒。从这儿我们或者可以看出为什么很多有知识的人不愿意表现出自己的才能，因为"才能"往往会带来麻烦甚至灾难。

　　在二千多年以前，中国古代有一个著名的传说也是说一个文人不愿意当官的故事。传说在中国古代有一个晋（Jìn, a name of a nation）国。这个国家遇到了危险，国家的王子逃了出去。在王子的身边有一些很好的朋友和忠诚的读书人陪着他，这些人爱自己的国家，他们支持王子，希望他能努力奋斗，回去救自己的国家。他们在外边受了很多苦，一直逃亡了十九年，最后他们终于等到了机会，这个王子回到了自己的国家做了国王。这就是历史上的晋文公。

　　在国外逃亡期间，晋文公有一个最忠诚的朋友叫介子推。他是一个优秀的读书人，为了热爱自己的祖国，为了帮助晋文公重新回国做国王做了很多努力。他们成功以后，晋文公让伴随他逃亡的人都做了大官。可是没想到，他最好的朋友介子推却坚决拒绝他的邀请，这让晋文公感到很苦恼。无论他怎么劝说，介子推就是不肯出来做官。为了表示自己不愿意出来做官的决心，介子推背着自己的母亲到了山上去隐居。晋文公多次请他出来做官，他每次都不愿意和他们见面。晋文公很想念他，最后他想了一个办法：他想，介子推藏在山里，我怎么也找不到他。如果我在山里放火，他怕被火烧死，一定会跑出来，这样我就一定能见到他了。可是他没想到，介子推宁愿烧死也不愿意出来当官，晋文公放了火，介子推最后被大火烧死了。晋文公万万没想到他得到的是这样一个悲剧的结果。他因想念自己的朋友而杀死了自己的朋友，又难过又后悔，生了一场大病，自己也差一点死了。

晋文公为了纪念自己的好朋友介子推，他下了一个命令：在每年的三月三日这一天，全国的老百姓都不能用火，甚至不能做饭，只能吃做好的食品。因为这一天是他放火烧死自己朋友的日子，他永远后悔这一天。因为法律不准用火，人们只能吃凉的东西，所以历史上这一天就被称作"寒食节"。

后来，晋文公到了山上，找到了介子推被烧死的地方，他看到了介子推死前抱着一棵树，为了纪念他，晋文公用这棵树干做了一双鞋。每天他都穿着它。这样他就时时刻刻都想着介子推。每想到介子推他就叹道："子推足下，子推足下……"后来，"足下"就成了一个对好朋友的思念和尊敬的称呼。直到今天，人们写信时仍然用"足下"这个词，仍然记着这个故事。

根据《后汉书》故事改编

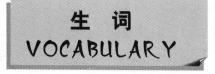

生　词
VOCABULARY

1. 遭　　　　zāo　　　　meet with（disaster, misfortune, etc.）; suffer

2. 乞丐	qǐgài	beggar
3. 造反	zàofǎn	rebel
4. 反正	fǎnzhèng	anyway; anyhow; in any case
5. 除掉	chúdiào	to cut off; to erase
6. 庆功	qìnggōng	victory meeting
7. 毒药	dúyào	poison
8. 宴会	yànhuì	banquet
9. 封	fēng	seal; close
10. 灾难	zāinàn	disaster
11. 王子	wángzǐ	prince
12. 支持	zhīchí	support
13. 奋斗	fèndòu	fight; struggle; work hard
14. 逃亡	táowáng	flee away; go into exile; become a fugitive
15. 苦恼	kǔnǎo	vexed; worried
16. 隐居	yǐnjū	live in seclusion; withdraw from society and live in solitude; be a hermit
17. 宁愿	níngyuàn	would rather; better…
18. 悲剧	bēijù	tragedy
19. 足下	zúxià	a polite form of address between friends（used mostly in letter）

Exercise One: Remembering Detials

再次细读本文并指出下列句子提供的信息是对的（*True*）还是错的（*False*）。
如是错的，请改成正确的答案：

1. 因为当官挣钱不多，中国古代的读书人往往不喜欢当官。（　　　）
2. 因为那些文人和将军们看不起明朝第一个皇帝，所以皇帝把他们烧死了。（　　　）
3. 晋文公曾经逃到了别的国家，在那儿受过很多苦。（　　　）
4. 晋文公让介子推做了大官，介子推很苦恼。（　　　）
5. 晋文公不喜欢介子推太骄傲，所以想烧死他。（　　　）
6. 介子推知道作官很危险，所以宁死也不愿意做官。（　　　）
7. 晋文公为了表示自己的难过和后悔，每年的三月都不用火，不吃饭。（　　　）
8. "寒食节"的那天只能吃冷的东西，禁止用火，来庆祝和纪念一个人。（　　　）
9. "足下"的意思是看不起人，对一个人的侮辱。（　　　）

Exercise Two: Analyzing Ideas

选择下面提供的哪种回答最接近文章提供的事实并完成句子:

1. 中国古代读书人不喜欢作官是因为_____。
   　a. 怕吃亏　　　　　　　　b. 怕被人看不起　　　　c. 太危险

2. 明代的第一个皇帝杀死帮助他的人们是因为_____。
   　a. 嫉妒和残酷　　　　　　b. 太介意面子　　　　　c. 性格谦虚

3. 介子推过去帮助王子是因为_____。
   　a. 以后想作官　　　　　　b. 遇到了危险　　　　　c. 爱自己国家

4. 介子推不愿意作官,晋文公很_____。
   　a. 生气　　　　　　　　　b. 苦恼　　　　　　　　c. 劝说

5. 这篇文章作者是介绍了_____的故事。
   　a. 文人不愿意作官　　　　b. 纪念朋友　　　　　　c. 国王残酷

Exercise Three: Synonyms

根据上下文的意思,找出句子中的同义词:

1. 据说明朝的第一个皇帝曾经是一个<u>乞丐</u>。
   　a. 没知识的人　　　　　　b. 要饭的人　　　　　　c. 会功夫的人

2. 他想<u>反正</u>我已经胜利了,不再需要这些人的帮助了。
   　a. 到后来　　　　　　　　b. 不管怎样　　　　　　c. 马上

3. 晋文公最好的朋友拒绝了他的邀请,这让他很<u>苦恼</u>。
   　a. 愤怒和嫉妒　　　　　　b. 生气和后悔　　　　　c. 难过和不安

4. 这个故事说明了皇帝和当官的人的<u>狡猾</u>和狠毒。
   　a. 骄傲　　　　　　　　　b. 坏的聪明　　　　　　c. 无情

5. 这个国家遇到了危险,它的<u>王子</u>逃跑到了别的国家。
   　a. 国王　　　　　　　　　b. 国王的弟弟　　　　　c. 国王的儿子

Exercise Four: Discussion Questions

1. 本文作者为什么说:"在古代,一个人如果显示出了他的才能,他往往会遭到极大的危险"?

2. 你认为皇帝烧庆功楼是一个聪明的办法吗? 他应该怎么做?

3. 你认为晋文公是一个什么样的人? 介子推是一个什么样的人?

4. 你认为介子推应该不应该出来做官? 为什么?

5. 中国古代人们常说"伴君(皇帝)如伴虎"。为什么? 你觉得这句话对么?

第八课 谁是最勇敢的人：文官还是武将

两千多年以前，中国还没有统一，北方有很多国家，大的国家总想欺负小的国家或霸占它们，所以常常打仗。当时有一个国家叫赵国，赵国得到了一块美玉。这块玉非常珍贵，赵国把它当成了国宝，人人都喜欢它。另一个国家秦国很想把这块玉抢去，秦国说它愿意用十五座城市来换这块美玉。赵国知道秦国很坏，怕被它欺骗，不愿意跟它交换。可是秦国是一个大国，如果拒绝了它，很可能会带来更大的麻烦或给它一个来打仗侵略赵国的借口，怎么办呢？赵国的皇帝和老百姓都很担心。

赵国有一个很有学问的读书人名字叫蔺（Lìn）相如。他看到国家遇到了困难，就决定当一个外交使者，代表赵国到秦国去解决这个困难问题。到了秦国以后，他发现秦国果然没有诚意给赵国十五座城市而只是想骗它的美玉，于是蔺相如就凭他的机智和本领既没有让秦国找到借口，又成功地把美玉带回了赵国。赵国的皇帝和老百姓都很高兴并感激蔺相如，除此以外，蔺相如又帮助赵国在外交上取得了别的大胜利。因为他对赵国的贡献，皇帝让蔺相如做了一个很大的官。

赵国有一个非常有名的将军叫廉颇（LiánPō），他打仗非常勇敢，为赵国立过很多战功。赵国人非常尊敬他。他看到蔺相如不是靠打仗而只是靠口才就当上了大官，觉得很不服气。他认为只有打仗胜利才算得上勇敢，才能当英雄和大官，所以他看不起蔺相如，他说：我如果见到了蔺相如，一定要当面<u>侮辱</u>他，让他知道谁是真正勇敢的人。

知道了这个消息，蔺相如就有意地<u>躲</u>着廉颇，蔺相如的朋友和仆人都觉得很奇怪。他们问蔺相如："您是一个非常勇敢的人，您为什么要怕廉颇呢？"蔺相如说道："你们看，是秦王厉害还是廉颇厉害？"大家说："当然是秦王厉害。"蔺相如说："我连秦王都不怕，难道我会怕廉颇么？"大家又问："你不怕他，为什么要躲着他呢？"蔺相如回答说："你们知道秦国为什么不敢侵略我们吗？就是因为我们赵国有廉颇这样勇敢的武将和我这样的文官。如果我们<u>团结</u>得很好，国家就会安全。如果我和廉颇发生了争吵不团结，我们国家就会出问题，秦国一定会很高兴。这样它就会有机会来侵略我们。我们这些当官的人应该首先考虑国家的利益，不应该先考虑自己的面子。我虽然不怕廉颇，可是我尊敬他，我不愿意因为自己的利益而伤害国家利益。"

廉颇后来知道了蔺相如的话，他非常惭愧。他觉得蔺相如比自己勇敢，因为他敢于为了国家的利益牺牲自己的利益。想到这儿，廉颇决定亲自去向蔺相如认错。于是他找到了一根用<u>荆条</u>做成的<u>鞭子</u>，背在自己背上到蔺相如那儿去认错。背着鞭子的意思是他知道自己错了，并愿意别人惩罚他。蔺相如当然不会这样去做，他们从此成了最好的朋友。赵国因此也更安全了。

根据司马迁《史记·廉颇蔺相如列传》故事改写

生 词
VOCABULARY

1. 欺负　　qīfu　　　　bully；treat sb. high‒handedly
2. 霸占　　bàzhàn　　　forcibly occupy

3．国宝	guóbǎo	national treasure
4．侵略	qīnlüè	invade; aggression; encroachment
5．外交	wàijiāo	foreign affairs
6．使者	shǐzhě	emissary; envoy; messenger
7．果然	guǒrán	really; as expected; sure enough
8．诚意	chéngyì	good faith; sincerity
9．凭	píng	rely on; have something to go by; depend on
10．机智	jīzhì	quick-witted; resourceful
11．战功	zhàn'gōng	military exploit
12．口才	kǒucái	eloquence
13．不服气	bùfúqì	refuse to obey
14．侮辱	wǔrǔ	humiliate; insult, defile, sully
15．躲	duǒ	hide (oneself); avoid; dodge
16．团结	tuánjié	unite
17．荆条	jīngtiáo	chaste branches; brambles
18．鞭子	biānzi	whip

Exercise One: Remembering Detials

再次细读本文并指出下列句子提供的信息是对的（*T*rue）还是错的（*F*alse）。
如是错的，请改成正确的答案：
1．秦国不愿意用十五座城换美玉，因为赵国会侵略它。（　　）
2．因为蔺相如帮助赵国打了胜仗，皇帝让他做了大官。（　　）
3．廉颇觉得口才不算真本领，打仗才是真本领。（　　）
4．廉颇想找机会侮辱蔺相如，因为他嫉妒蔺相如的成功。（　　）
5．听说廉颇要侮辱他，蔺相如很紧张，他决定躲开他。（　　）
6．蔺相如虽然不怕廉颇，但为了国家的利益他不怕丢面子。（　　）
7．廉颇知道蔺相如的想法后，觉得很惭愧。他认为蔺相如为了国家的利益牺牲自己的面子，他比自己勇敢。（　　）
8．由于廉颇自己觉得惭愧，他后来送给蔺相如很多礼物。（　　）

Exercise Two: Analyzing Ideas

选择下面提供的哪种回答最接近文章提供的事实并完成句子：
1．赵国不愿意用美玉跟秦国交换城市是因为_____。

a. 怕受欺骗　　　　　　b. 怕被人看不起　　　　c. 怕打仗

2. 蔺相如愿意到秦国去解决问题，因为他_____。
   a. 愿作大官　　　　　　b. 爱自己的国家　　　　c. 性格谦虚

3. 廉颇听说蔺相如当大官后很不高兴，因为_____。
   a. 他也想作大官　　　　b. 他没有口才　　　　　c. 他不服气

4. 蔺相如说，为了_____，所以他躲着廉颇。
   a. 国家利益　　　　　　b. 秦王高兴　　　　　　c. 自己的面子

5. 廉颇觉得蔺相如_____，所以他比自己勇敢。
   a. 不愿意作官　　　　　b. 能为国家牺牲面子　　c. 不怕秦王

Exercise Three: Synonyms

根据上下文的意思，找出句子中的同义词：

1. 大的国家总是想霸占小的国家，所以常常打仗。
   a. 帮助　　　　　　　　b. 欺负　　　　　　　　c. 麻烦

2. 到了秦国以后，他发现秦国果然想骗他们的国宝，他非常生气。
   a. 当然　　　　　　　　b. 不管怎样　　　　　　c. 像想像的那样

3. 蔺相如取得了在外交上的胜利，皇帝让他做了大官。
   a. 交朋友　　　　　　　b. 用口才找借口　　　　c. 处理外国的问题

4. 他想，我一定当面侮辱他，让他知道谁是最勇敢的人。
   a. 批评　　　　　　　　b. 让……丢脸　　　　　c. 嫉妒

5. 他发现秦国并没有诚意要给赵国城市，就带着美玉回来了。
   a. 善良的意思　　　　　b. 真心的意思　　　　　c. 交换的意思

Exercise Four: Discussion Questions

1. 蔺相如当了大官，廉颇为什么不高兴？
2. 蔺相如为什么怕廉颇，为什么不愿意跟他争吵？
3. 你认为廉颇怎么样？他这样做对不对？
4. 廉颇为什么最后和蔺相如成了最好的朋友？

第九课　空城计的故事

　　中国古时候有一个<u>绝顶</u>聪明的文官叫诸葛亮（Zhūgěliàng）诸亮
除了聪明以外，他还是一个非常<u>出色</u>的军事指挥家。他一生中指挥
他的军队打了无数次<u>胜仗</u>。可是有一次他遇到了一个极危险的情况，
差一点打了一个最大的败仗，但是因为他的聪明和智慧，特别是因
为他<u>临危不惧</u>、从容不迫的态度使他躲过了危险，顺利地度过了<u>难
关</u>。他的这种勇敢和喜怒哀乐不形于色的<u>风度</u>受到了后来所有的中
国人的赞扬和佩服。这次的事件被叫做"空城计"。

　　有一次，诸葛亮派人去保护一个军事<u>基地</u>，可是他派去的人马
谡（Mǎsù）太骄傲，又不愿意听别人的劝告，结果他失败了。马谡
失败后，诸葛亮所有的军队都遇到了很大的麻烦。因为马谡失败的
那个军事基地是一个最重要的地方，那个地方就像是一个大门，大
门一被打开了，<u>敌人</u>什么时候都可以进来。

诸葛亮当然知道情况很危险。他派出了自己最好的军队去解决这个问题。可是没想到，已经太晚了。敌人也知道了诸葛亮的想法。这时候，敌人不仅远远比诸葛亮原来想像的多，而且强大得多。为了抢救失去的军事基地，诸葛亮几乎派去了他所有的军队，没想到，这时敌人的另一支最强大的军队由敌人最有经验的将军司马懿（Yí）带领着来攻打诸葛亮所在的城市来了。

司马懿也是一个非常聪明的人，他也非常会指挥军队打仗。他和诸葛亮有一点不同的地方就是他十分多疑。这时候诸葛亮的情况十分危机。他的城市是一个在军事上最重要的城市，如果他失败了，他的整个国家就失败了。司马懿这时带着的是 15 万最勇敢、最有经验的军队，而诸葛亮这时只有几个文官和 2 500 个军人。诸葛亮身边所有的人吓得脸都变了颜色，他们相信他们一定会失败，而且将都会被司马懿杀死。

看到这种情况，诸葛亮心里当然也非常害怕和焦急，可是他知道，如果他表现出来自己的心情，那所有的人都会紧张，这样他们就一定会失败。于是，他告诉身边的人千万不要显出害怕的样子，而且还要显得非常从容不迫。同时，他告诉人们不要保护城门，把四个城门都打开，做出欢迎敌人的样子。然后，诸葛亮自己并不表现出要带领军人保护城市或准备打仗的样子。他穿上一件平常去吃饭时穿的衣服，让人替他拿着一把琴，到城楼上轻轻松松地去弹起琴来了。看上去他就像是早就知道敌人要来，而是等在这儿欢迎敌人一样。其实，这个时候诸葛亮知道自己这样做很冒险，而别人都吓得浑身是汗水。因为他们知道，如果敌人真的进来，他们马上就会全被杀死。

司马懿看到这个情况，他一下子变糊涂了。因为他本来知道诸葛亮身边没有军队，这儿是一个空城，他带着这么多军队，一定能够轻易占领这个城市，杀死诸葛亮。可是没想到，诸葛亮不但不害怕，却打开城门欢迎他。他知道诸葛亮是一个非常聪明的人，他想，如果这儿真的是一个空城，诸葛亮一定会非常害怕，而且要努力去保护它。他怎么敢打开城门，去城头上弹琴欢迎他呢？这一定是一

个计谋！司马懿是一个非常多疑的人，想到这儿，感到很害怕，他立刻命令自己的军队马上撤退逃跑。

司马懿逃跑后，诸葛亮的其他军队终于回来可以保护他们了，而司马懿知道诸葛亮刚才真的是一个空城时，知道自己上了当，难过得几乎死去。

诸葛亮用计谋和从容不迫的态度使自己从最大的危险中解脱了出来，表现了古代读书人的聪明智慧和临危不惧的精神，成了人们永远传说的故事和敬佩的榜样。

根据《三国演义》故事改写

生　词
VOCABULARY

1. 绝顶　juédǐng　extremely; utterly
2. 出色　chūsè　outstanding; remarkable; splendid
3. 指挥家　zhǐhuījiā　strategist; planner; commander
4. 胜仗　shèngzhàng　victory
5. 临危不惧　línwēibújù　face danger fearlessly

6.	难关	nán'guān	difficulty；crisis
7.	风度	fēngdù	demeanor；bearing
8.	基地	jīdì	base
9.	敌人	dírén	enemy
10.	想像	xiǎngxiàng	imagine；imagination
11.	焦急	jiāojí	anxious；worried
12.	汗水	hànshuǐ	sweat
13.	计谋	jìmóu	scheme；stratagem
14.	逃跑	táopǎo	run away；flee away
15.	上当	shàngdàng	be taken in；be fooled
16.	敬佩	jìngpèi	esteem；admire

Exercise One：Remembering Detials

再次细读本文并指出下列句子提供的信息是对的（True）还是错的（False）。如是错的，请改成正确的答案：

1. 因为诸葛亮平时聪明勇敢，所以当他遇到了最坏的情况时也能取得胜利。（　　）

2. "空城计"是诸葛亮一生中打的最大的一个败仗。（　　）

3. 诸葛亮太骄傲而不听别人的劝告，所以他失败了。（　　）

4. 敌人和诸葛亮都知道这个军事基地的重要，所以都在争抢它。（　　）

5. 司马懿虽然很聪明，可是他的运气不太好，所以他失败了。（　　）

6. 看到司马懿带来了这么多的军队，诸葛亮并不害怕。（　　）

7. 因为诸葛亮性格比较多疑，所以他敢冒险。（　　）

8. 司马懿怕诸葛亮比他更聪明，所以他不敢冒险。（　　）

9. 司马懿知道自己上了诸葛亮的当，最后气死了。（　　）

Exercise Two：Analyzing Ideas

选择下面提供的哪种回答最接近文章提供的事实并完成句子：

1. 诸葛亮不但是一个优秀的读书人，他还是一个_____。

　　a. 文人　　　　　　　　b. 军事家　　　　　　　　c. 绝顶聪明

2. 临危不惧、从容不迫的意思是_____。

　　a. 遇危险不害怕　　　　b. 遇困难不骄傲　　　　　c. 性格谦虚

3. 因为_____太骄傲，他们最后失去了那个军事基地。

　　a. 敌人　　　　　　　　b. 马谡　　　　　　　c. 诸葛亮

4. 因为司马懿太_____，所以他最后失败了。

　　a. 多疑　　　　　　　　b. 焦急　　　　　　　c. 危机

5. 诸葛亮最后选择了一种最_____的方法来骗走了敌人。

　　a. 害怕　　　　　　　　b. 冒险　　　　　　　c. 多疑

6. 因为诸葛亮比司马懿聪明、勇敢，最后让他_____。

　　a. 计谋　　　　　　　　b. 冒了险　　　　　　c. 上了当

Exercise Three: Synonyms

根据上下文的意思，找出句子中的同义词：

1. 中国古时候有一个<u>绝顶</u>聪明的文官叫诸葛亮。

　　a. 头脑　　　　　　　　b. 极端　　　　　　　c. 坚决

2. 诸葛亮除了聪明以外，还是一个<u>出色</u>的军事指挥家。

　　a. 长得漂亮　　　　　　b. 有本领　　　　　　c. 优秀

3. 他让人替他拿着一把琴，到城楼上<u>轻轻松松</u>地弹起琴来了。

　　a. 非常熟练　　　　　　b. 非常紧张　　　　　c. 非常随便

4. 司马懿是个非常多疑的人，他想：这一定是个<u>计谋</u>！

　　a. 聪明的计划　　　　　b. 危险的阴谋　　　　c. 愚蠢的计划

Exercise Four: Discussion Questions

1. 中国人为什么喜欢诸葛亮？中国人不喜欢冒险，可是诸葛亮为什么要冒险？

2. 你觉得诸葛亮的办法对吗？如果你遇到了诸葛亮那样的情况，你会怎么办？

3. 司马懿为什么在自己一定会胜利的情况下逃走？你认为他作出这样的决定有原因吗？在这种情况下，如果是你，你会作出什么样的决定？

4. 诸葛亮胜利了。你认为诸葛亮的方法好吗？这个方法能够经常用吗？为什么？

预习提示:
Before You Started:

1. 你听说过中国皇帝的故事或看过有关的电影吗？中国皇帝和西方的皇帝有什么不同？
2. 你知道皇帝制度是怎么产生的吗？皇帝是怎样管理和统治国家的？
3. 为什么皇帝制度在今天不存在了？

第十课　中国的皇帝制度

　　中国是世界上封建制度统治时间最长、封建社会文化发展得最**充分**的一个国家。中国封建文化最重要的特点是它的皇帝制度。

　　在中国历史上，皇帝是最高的统治者，是中国人最高的精神上和行政上的**领袖**。皇帝自己认为他们是神，是上天的儿子，所以他们也称自己为"天子"，他们是代表天帝来管理国家的。在古代，皇帝有着**至高无上**的权力，中国没有**完备**的法律，皇帝说的话就是法律。因为皇帝是"神"，他们可以做他们想做的一切，不管是谁，只要是反对皇帝的意志就是**犯罪**，就要受到**处罚**或者被**处死**。因此，研究中国历史的学者们认为，中国古代是一个"**人治**"而不是一个"**法治**"的社会，那就是说，国家的管理没有一些**固定**的法律约束和**保障**来实现，而是靠皇帝一个人说了算。几千年来，这种"人治"的管理方式对中国的进步和发展起到了很坏的**阻碍**作用。

　　中国古代的皇帝制度是怎么**形成**的呢？在远古的时候，人民的生产和生存能力都比较弱，大家必须在一起居住、生活和劳动来**抵抗**动物的**袭击**和自然**灾害**等，这样就形成了最早的**原始社会**。在这样的社会里，年纪大的、有劳动本领和生活经验的家长就自然地成了社会的**首领**。到后来，随着社会的发展和人们生产能力的提高，这样的早期社会不断地发展，并通过劳动**结合**、婚姻、**战争**和**迁移**等方式不断**扩充**和发展渐渐形成了最早的国家。这些最早的国家仍然按照原来的方式实行"**家长制**"式的统治。社会扩大了，人口增长了，仅仅靠一个大家长不好统治了，于是原始社会的首领就把社会分成一些不同的单位，组成了国家机构，自己变成了国家最高的领导即皇帝来管理中央政府，中央管理省、市、县，形成了**金字塔**式的统治**模式**。

　　国家**形成**后，家长制变成了皇帝制。在这种制度下，皇帝有着**绝对**的权力，可以**为所欲为**。皇帝不但可以统治全国的老百姓，而且**主宰**着整个国家的管理和行政机构。在古代的社会，一切都是皇帝说了算，皇帝对所有的官员都有着升迁罢免、生杀予夺的权力。不管是多大的官员，如果**得罪**了皇帝，都很可能会马上被处死。由于对皇帝的权力没有法律的约束，皇帝往往喜怒无常，没有人敢于给皇帝提意见，他们在历史上做了很多的坏事，这样的坏皇帝被人们称作"**暴君**"。

　　中国的皇帝制度有很多特点，其中最突出的是它的**终身制**和**世袭制**。皇帝认为他们是神，他们的权力是上天给的，他们理所当然地要永远统治下去。皇帝**继承**了他的**皇位**后就开始**执政**，他的执政期或**任期**是从当皇帝那天一直到他死，即使皇帝生病、**衰老**或者没有思考和管理能力时他仍然是国家最高的首领，这样的终身制当然是很**荒唐**和无理的，它对社会的发展会造成很大的**危害**。

　　皇帝死了以后，新的皇帝只能由皇帝的儿子、兄弟或家人来担任，绝不能由皇帝家族以外的人来**承当**，这就是世袭制。有的皇帝有很多的儿子，到底谁应该做新的皇帝呢？有人主张应该最大的儿子继承王位，有人主张应该是最聪明**仁慈**的儿子来继承王位。由于皇帝的权力地位是这么大，它当然有着无比的**诱惑**力。在中国历史上，每当一个皇帝死去，新的皇帝继承王位的时候，总是有着一些非常残酷的斗争。

一般情况下，皇帝只相信自己的家人，国家的主要权力也由自己的家人和亲戚来掌握。有时新的皇帝继承王位时年龄很小或没有管理国家的能力，那么小皇帝的家人和亲戚往往代替皇帝来管理国家，这常常会引起很多的矛盾。有时皇帝有很多的儿子，人人都想当新的皇帝，为了夺取王位，他们之间常常发起宫廷**内乱**，互相**残杀**；除了兄弟争斗外，儿子为了当皇帝而杀死父亲、父亲杀死儿子的事情也常常发生。中国几千年的皇帝统治史就是这样一部内乱的历史。

皇帝是国家的最高统治者，他通过他的高级**官僚**来管理国家。

这些高级官僚在皇帝的宫廷里被称作"**大臣**"。大臣的工作除了管理国家外，还要帮助皇帝**制定**和执行国家的政策，同时还要给皇帝提意见。我们知道，皇帝把自己看成神，给皇帝提意见常常要受处罚或要冒很大的危险。但在中国历史上，有很多大臣是优秀的知识分子，他们冒着被处死的危险也要帮助老百姓，指出皇帝的错误。据历史书记载，大臣们知道给皇帝提意见要受惩罚，他们中有的给皇帝提意见时竟自己带着棺材去宫廷，用这种方式告诉皇帝：虽然给您提意见会有很大的危险，但我是**正义**的。为了正义我不怕死，即使您杀死我我也要给您提意见。

因为皇帝是**世袭**的，皇帝的儿子是皇帝的继承人，所以，对皇帝而言，最重要的是要生儿子。为了多生儿子，皇帝往往娶很多的妻子。到后来，这形成了一种制度，除了生儿子的目的外，也为了满足皇帝的**荒淫欲望**。在皇帝众多的妻子中，只有一个人是**皇后**，其他的都是**妃子**或**宫女**，有的皇帝的妃子有几千人。皇帝为自己和妻子们建立了很多的宫殿，这些宫殿常常被称做"三宫六院"或"六宫"。

皇帝平时住在皇宫里，很少走出皇宫，他们在皇宫里的生活由**太监**们照顾。太监制是中国皇帝制度中的一种非常特别的现象。他们是一批被施用了一种特殊的手术而失去了**生殖**能力的人。皇帝往往很**多疑**，他不相信任何人，包括他自己的家人、亲戚甚至妻子，**恐怕**他们设计谋骗他或争夺他的王位。可笑的是，皇帝往往相信太监。他们认为太监没有生殖能力，没有**后代**，**名利**的**欲念**不强，因此也就没有**野心**；此外，因为皇宫中皇帝的妻子众多，任何男人不能住在这儿，皇帝和他的妻子们的生活和一切全靠太监的服务和照顾，慢慢地，皇帝就变得越来越**依靠**太监了。然而，太监们并不像皇帝想得那么无欲和简单，在中国历史上，太监们干了不少的坏事。有的太监的权力很大，他们敢于欺骗皇帝，有的太监的权力比大臣还大，有的太监甚至参与政治**阴谋**。直到 1911 年，中国才最后推翻了皇帝制度，实现了民主**共和**制度。

生　词
VOCABULARY

1. 充分	充分	chōngfèn	（形）	非常多；plenty of
2. 领袖	领袖	lǐngxiù	（名）	领导人；带头的人；leader
3. 至高无上	至高無上	zhìgāowúshàng	（形）	最高的；the highest
4. 完备	完備	wánbèi	（形）	应该有的都有了；complete
5. 犯罪	犯罪	fànzuì	（动）	做出有罪的事情；commit crimes
6. 处罚	處罰	chǔfá	（动）	对坏人或坏事进行处理或惩罚 to punish
7. 处死	處死	chǔsǐ	（动）	用死刑惩罚一个人；to carryout a death penalty
8. 人治	人治	rénzhì	（形）	依靠人的愿望而不是依靠法律来统治；rule by people instead rule by law
9. 法治	法治	fǎzhì	（形）	依靠法律而不是依靠人的愿望来统治；rule by law instead rule by people
10. 固定	固定	gùdìng	（形）	不变的；不移动的；fixed
11. 保障	保障	bǎozhàng	（动）	保护它，使不受破坏；protect; guarantee
12. 阻碍	阻礙	zǔ'ài	（动）	阻止和妨碍；hinder; block

13. 形成	形成	xíngchéng	（动）	经过发展而变成；to form
14. 弱	弱	ruò	（形）	不强大的；weak；feeble；fragile
15. 抵抗	抵抗	dǐkàng	（动）	用力量反对或抗拒；resist
16. 袭击	襲擊	xíjī	（动）	在别人不注意的时候发动攻击 make a surprise attack
17. 灾害	灾害	zāihài	（名）	不幸的遭遇；想不到的坏事 misfortune；disaster
18. 原始社会	原始社會	yuánshǐshèhuì	（名）	人类文明早期的社会；primitive society
19. 首领	首領	shǒulǐng	（名）	领头的人；headman
20. 结合	結合	jiéhé	（动）	两个东西发生关系；to unite；to combine
21. 战争	戰爭	zhànzhēng	（名）	打大仗；war
22. 迁移	遷移	qiānyí	（动）	离开原地，搬到别的地方 to immigrate
23. 扩充	擴充	kuòchōng	（动）	扩大并充实，增加；enlarge；reinforce
24. 家长制	家長制	jiāzhǎngzhì	（名）	家长决定一切的制度；patriarchal system
25. 金字塔	金字塔	jīnzìtǎ	（名）	埃及国王的坟墓；三角形的东西；pyramid
26. 模式	模式	móshì	（名）	一种规范的样式；pattern
27. 绝对	絕對	juéduì	（名）	完全的；没有条件的 absolute；completely
28. 为所欲为	為所欲為	wéisuǒyùwéi	（习）	想做什么就做什么；to do whatever you want to
29. 主宰	主宰	zhǔzǎi	（动）	统治并决定一切；dominate；dictate
30. 得罪	得罪	dézuì	（动）	用言语或行为让别人生气或怀恨；to offend；displease
31. 暴君	暴君	bàojūn	（名）	残酷的坏国王或皇帝；tyrant

32. 终身制	終身制	zhōngshēnzhì	（名）	一辈子担任某种职务或享受某种特殊的待遇的制度；to be in a specific position for all one's life
33. 世袭制	世襲制	shìxízhì	（名）	一代一代地继承一个固定的职位的制度；the hereditary system
34. 继承	繼承	jìchéng	（动）	继续前人没做完的事；按照法律接受死者的遗产或权利等；carry on；inherit
35. 皇位	皇位	huángwèi	（名）	皇帝的职位；royal position；throne
36. 执政	執政	zhízhèng	（动）	掌握国家的政权；be in power；be in office
37. 任期	任期	rènqī	（名）	担任一个职务的时期；the period of to be in office
38. 衰老	衰老	shuāilǎo	（形）	弱的,老的；old and feeble
39. 荒唐	荒唐	huāngtáng	（形）	奇怪的；没有道理的；ridiculous
40. 危害	危害	wēihài	（动）	危险的,有害的；harm；endanger
41. 承当	承當	chéngdāng	（动）	担负；担当；take；bear
42. 仁慈	仁慈	réncí	（形）	善良,爱别人；benevolent；merciful
43. 诱惑	誘惑	yòuhuò	（动）	引诱和欺骗别人做坏事；tempt；entice；seduce；lure
44. 内乱	內亂	nèiluàn	（名）	内部的混乱；internal unrest
45. 残杀	殘殺	cánshā	（动）	残酷的杀害；murder；slaughter
46. 官僚	官僚	guānliáo	（名）	做官的人；bureaucrat
47. 大臣	大臣	dàchén	（名）	高级官员；国家的部长；minister
48. 制定	制定	zhìdìng	（动）	明确地规定（政策、法律等）to formulate；to lay down

49. 正义	正義	zhèngyì	（形）	公正的,符合道理的；justice
50. 世袭	世襲	shìxí	（动）	一代一代地继承(皇位)；hereditary
51. 荒淫	荒淫	huāngyín	（形）	贪恋酒和女人；licentious
52. 欲望	欲望	yùwàng	（名）	想取得某种东西或达到某种要求的愿望；desire；wish；lust
53. 皇后	皇后	huánghòu	（名）	皇帝的妻子；Queen
54. 妃子	妃子	fēizǐ	（名）	皇帝的妾；imperial concubine
55. 宫女	宫女	gōngnǚ	（名）	在皇宫里服务的女子；a maid in an imperial palace
56. 太监	太監	tàijiān	（名）	在皇宫里为皇帝服务的一种特殊的人员；(court) eunuch
57. 生殖	生殖	shēngzhí	（动）	生产和繁殖；reproduction
58. 恐怕	恐怕	kǒngpà	（副）	担心；忧虑；be afraid of
59. 后代	后代	hòudài	（名）	下一代人；子孙；descendant
60. 名利	名利	mínglì	（名）	个人的名誉地位和物质利益；fame and wealth
61. 欲念	欲念	yùniàn	（名）	想取得某种东西或达到某种要求的愿望；desire；wish；lust
62. 野心	野心	yěxīn	（名）	对领土、权位、名利等的不公正的强烈的愿望；wild ambition；careerism
63. 依靠	依靠	yīkào	（动）	靠某个人或某种力量达到目的；rely on；depend on
64. 阴谋	陰謀	yīnmóu	（名）	秘密计划的坏事；conspiracy
65. 共和	共和	gònghé	（名）	由选举来产生国家领导的制度；republic

习惯用语和特殊表达用语

至高无上：最高的，没有任何比他/它更高的。[至] 最。

1. 在古代中国，皇帝代表着至高无上的权力，没有人敢于反对他。

2. 有很多宗教都认为在这个世界上有一个至高无上的神在统治着。

为所欲为：做想做的任何事情。[为] 做，行为。[欲] 愿望。愿意做的事。

1. 你虽然是这个公司的经理，可是你也不应该为所欲为，遇到事情应该跟大家商量一下才对呀。

2. 我不太喜欢他，因为他是一个为所欲为的人，从来不听别人的劝告。

升迁罢免，生杀予夺：提升，降级或撤职，让一个人活，让一个人死，给他东西或没收他的东西。在这儿形容一种巨大的、控制人的权力。

1. 在古代，皇帝对所有的人都有升迁罢免，生杀予夺的权力。

2. 在现代的民主社会，不管是什么人，都没有对其他人升迁罢免，生杀予夺的权力。

喜怒无常：高兴和生气都不正常。

1. 你怎么能跟这样的人交朋友呢？他可是一个喜怒无常的人啊！

2. A："你看大卫怎么了？他最近总是有点喜怒无常的。"

   B："他的女朋友最近跟他吹了，他心里很不高兴。"

理所当然：按照道理应该是这样的。

1. 李海伦平时学习非常努力，她的成绩在全班最好是理所当然的。

2. 他说他这么做是理所当然的，可是大家都认为他做得不对。

句型和词汇用法

● **充分**

1. 在你做一件事情之前，你应该充分考虑到也许会遇到的困难。

2. 这件事他没有充分想清楚就去做了，_____

_____。

3. 你只有充分掌握了这方面的知识，_____

_____。

● **保障**

1. 他爸爸常常说，你现在好好学习是将来能找到好工作的保障。

2. 按照现在的情况来讲，什么样的工作能有保障呢？_____

_____。

3. 虽然他说他的生活有保障，_____

_____。

● **抵抗**

1. 他们终于抵抗住了自然灾害，顺利地活下来了。

2. 对这种行为如果你不抵抗_____

_____。

3. 他说因为这位大臣抵抗了皇帝的权力，_____

_____。

● **继承**

1. 中国文化传统认为皇帝的第一个儿子有继承皇位的权利。

2. 很多华侨都觉得即使是住在国外他们也要继承_____

_____。

3. 虽然这位艺术家继承了很多他自己民族的传统文化，_____

_____。

● 制定

1. 过去，除了国家制定了很多的法律外，很多人自己家里的家长也制定自己家的规矩。

2. 这个公司虽然也制定了很多规矩，_____

_____。

3. 这个学校制定了很多政策，可是_____

_____。

● 多疑

1. 皇帝的多疑常常使他吃不香，睡不稳，感到谁都不能相信。

2. 多疑的人往往_____

_____。

3. 你别太多疑，_____

_____。

● 依靠

1. 他虽然看上去很成功，可是他是依靠他父母的面子找到这份工作的。

2. 从来不依靠别人的人_____

_____。

3. 他虽然常常说不应该依靠别人，_____

_____。

一、根据课文的内容回答下列问题：

1. 为什么在中国的古代皇帝有着至高无上的权力？

2. 中国的"人治"的方式有什么特点？"人治"和"法治"有什么不同？

3. 为什么中国古代形成了皇帝制度？它有些什么样的特点？

4. 谈谈中国的"家长制"统治制度。

5. 什么是"终身制"？什么是"世袭制"？

6. 中国古代皇帝是怎样管理国家的？

7. 谈谈皇帝和大臣、和太监之间的关系。

二、用下列的词造句子：

1. 充分：

2. 完备：

3. 固定：

4. 保障：

5. 形成：

6. 扩充：

7. 得罪：

8. 继承：

9. 承当：

10. 诱惑：

11. 依靠：

12. 欲念：

三、找出下列每组词中的近义词或同义词：

> 充分　　充足　　充当　　分配
> 完备　　准备　　完全　　完善
> 惩罚　　处罚　　处死　　处理
> 保障　　保证　　保护　　保养
> 结合　　结婚　　关系　　连接
> 扩充　　扩大　　包括　　充分
> 绝对　　非常　　完全　　肯定
> 荒唐　　有趣　　奇怪　　惊奇
> 制定　　指定　　制度　　规定
> 欲望　　愿望　　想念　　欲念
> 多疑　　怀疑　　奇怪　　好奇
> 恐怕　　害怕　　也许　　可能
> 继承　　承当　　继续　　担任

四、选词填空：（完善、迁移、形成、扩充、得罪、阻碍、绝对、充分、多疑、固定、危害、依靠、荒唐、诱惑）

1. 如果你没有_____的思想准备，我劝你先不要学中文。

2. 凡是在北京大学教书的老师都有一份_____的收入。

3. 虽然这个学校有_____的设备和良好的教学环境，可是这儿的老师水平太差，所以她不愿意送孩子到这儿来读书。

4. 中国传统文化中的某些部分正在_____着它向现代化的发展。

5. 你能不能告诉我，中国的皇帝制度是怎么_____的？

6. 最近，有很多人从加拿大_____到美国来，他们说在美国比较容易找到工作。

7. 请你把这段话_____成一篇短文。

8. 小王肯定地说，只要你能说出办法来，我就_____能把这件事做好。

9. 有些人即使你从来不_____他，他也不会真心地喜欢你。

10. 虽然大家都觉得他的想法_____，可是如果你仔细想一想，这里面也有一些道理。

11. 这件事情的_____我们现在还看不出来，也许几年以后大家会看得更清楚一些的。

12. 不管别人怎么_____你，你还是不应该学吸烟的。

13. 现在大家都不愿意帮助我，我只有_____你了。

14. 他虽然是一个_____的人，可是这件事他怀疑得却有一些道理。

五、用括号里的词改写句子：

1. 有人认为中国的封建社会发展的很全面，中国的封建统治制度的时间也很长。（充分）

2. 在中国古代社会，皇帝可以做他们想做的一切。不管是谁，如果得罪了皇帝，就会有麻烦。（为所欲为）

3. 因为后来原始社会的人口越来越多，社会扩大了，一个大家长已经不好统治，所以形成了小的国家。（于是）

4. 皇帝除了可以统治全国的老百姓以外，还主宰着全国的行政管理机构。（不但……而且……）

5. 即使是很大的官员，要是让皇帝生气或是不高兴了，也可能会被处死。（不管……如果……）

6. 由于皇帝是世袭的，他的统治时间是他的一生。虽然他生病或没有管理能力了，他仍然是皇帝。（即使……也……）

7. 在中国历史上，只要一个皇帝死去，新的皇帝继承王位的时候，总是有麻烦。（每当）

8. 大臣的工作不仅仅是管理国家，有时还要帮助皇帝制定政策。（除了……以外，还……）

六、写作练习：

1. 用一句话总结出课文中每一段的意思。

2. 用三句话来概括（summarize）出这篇课文的主要内容和观点。

3. 你熟悉西方的历史吗？西方有没有皇帝制度？请你谈一谈东西方古代制度有什么相同的地方和不同的地方。

4. 请你查一下工具书，了解一下下面的词义：

   "民主制""共和制""社会主义""共产主义""资本主义"

第十一课　刚烈的皇后和愚蠢的皇帝

中国春秋战国时代有一个国家叫陈国。陈国国王有一个女儿，她不仅美丽<u>温柔</u>，而且聪明懂礼，有很多知识和<u>非凡</u>的才能，人人都喜爱她。后来，她的父亲把她嫁给了一个叫息国的小国国王。人们称她息夫人。

息夫人长得十分美貌，被称为<u>绝色</u>，又加上她才华超人，她的名声传得很远很远。这时一个大国楚国国王听说息夫人这么漂亮，就决定要发起战争，带着很多兵马到息国<u>边境</u>，寻找机会来侵略息国，抢走息夫人。

息夫人听到了这个消息，非常担心，她劝自己的丈夫赶快作准备。可是没想到息国的国王十分愚蠢，他不仅没有准备打仗抵抗侵略，反而把楚王当作客人请来，亲自陪他喝酒。他想：我如果把楚王当作客人，对他十分客气，他就会不好意思侵略我，也不好意思抢我的太太了吧。楚国的国王却没有他想得那么善良，就在喝酒的时候，他立即找了个借口把息王抓了起来，然后带着他的兵去后宫寻找息夫人。

听到丈夫被抓的坏消息，息夫人万分难过，她决心死也不能让楚王<u>得逞</u>。于是她就要跳井<u>自杀</u>。这时楚国的一个将军赶到了，他抓住息夫人的<u>裙子</u>劝她说："楚王是为了得到你才来侵略息国的，如果你自杀了，他一定要杀死息国国王和老百姓，息国就要<u>灭亡</u>了。"

息夫人这时知道，息国的命运全靠她了，虽然她痛苦到了<u>极点</u>，可是她不能死。她要蒙受奇耻大辱保护自己的国家和人民。于是，她向楚王提出了三个条件：一、不杀息王，二、不消灭

息国，三、不伤害息国老百姓。如果同意，她就跟楚王走。为了让息夫人高兴，楚王答应了她的条件。息夫人忍着<u>巨大</u>的悲痛离开了息国。她到了楚国后三年没有开口说话，默默地以自己的行为进行反抗。连残暴的楚王都尊敬她这样一个伟大的女子。中国唐朝著名的诗人王维曾经写过一首诗赞美这个美丽而勇敢的女子。他写道：

　　　　莫以今时宠，能忘旧时恩。

　　　　看花满眼泪，不共楚王言。

直到今天，人们仍然尊敬和纪念着这样一个敢于用自己的生命反抗残暴<u>强权</u>的刚烈的女性。

根据《左传》故事改编

生 词
VOCABULARY

1.	温柔	wēnróu	gentle and soft; sweet
2.	非凡	fēifán	outstanding; extraordinary; uncommon
3.	绝色	juésè	extremely beautiful (of a woman)
4.	边境	biānjìng	border; frontier
5.	得逞	déchěng	prevail
6.	自杀	zìshā	suicide
7.	裙子	qúnzi	skirt
8.	灭亡	mièwáng	be destroyed; die out
9.	极点	jídiǎn	farthest point; extremity
10.	奇耻大辱	qíchǐdàrǔ	great shame/humiliation
11.	巨大	jùdà	huge; gigantic
12.	强权	qiángquán	big power; might

Exercise One: Remembering Detials

再次细读本文并指出下列句子提供的信息是对的（*T*rue）还是错的（*F*alse）。
如是错的，请改成正确的答案：
1. 息夫人是息国国王的女儿，她美丽温柔，聪明懂礼。（　　）
2. 楚国的国王非常爱息夫人，所以他就道息国来向她求婚。（　　）
3. 息国的国王和楚王是好朋友，所以就请他喝酒。（　　）
4. 听到丈夫被楚王抓了起来，息夫人很难过，她非常害怕。（　　）
5. 为了救息国的老百姓，息夫人决定牺牲自己，跟楚王走。（　　）
6. 因为息夫人爱自己的国家和人民，人们都尊敬她。（　　）
7. 为了纪念自己和息王的感情，息夫人十年没跟楚王说话。（　　）
8. 因为息夫人不跟楚王说话，楚王把他杀死了。（　　）

Exercise Two: Analyzing Ideas

选择下面提供的哪种回答最接近文章提供的事实并完成句子：
1. 楚王来抢息夫人，是因为她_____。

　　a. 十分美貌　　　　　　b. 不喜欢息王　　　　c. 有本领

2. 听到楚王要来侵略的消息，息夫人劝息王_____。

　　a. 请他来当客人　　　　b. 把他抓起来　　　　c. 准备打仗

3. 听到息王被抓，息夫人十分难过，她决定要_____。

　　a. 得逞　　　　　　　　b. 自杀　　　　　　　c. 灭亡

4. 楚王为了让息夫人高兴，就答应了_____。

　　a. 三年不说话　　　　　b. 奇耻大辱　　　　　c. 三个条件

5. 说息王是一个愚蠢的皇帝是因为他_____。

　　a. 不好意思侵略　　　　b. 把敌人当客人　　　c. 很多疑

Exercise Three: Synonyms

根据上下文的意思，找出句子中的同义词：

1. 息夫人有<u>非凡</u>的才能，而且聪明懂礼，因此人人都喜欢她。

　　a. 很普通的　　　　　　b. 很不普通的　　　　c. 奇怪的

2. 息夫人长得十分美貌，被称为<u>绝色</u>。

　　a. 美丽的颜色　　　　　b. 有本领的女人　　　c. 美女

3. 息夫人十分难过，她决心死也不能让楚王<u>得逞</u>。

　　a. 成功　　　　　　　　b. 自杀　　　　　　　c. 侵略

4. 虽然她痛苦到了<u>极点</u>，可是她不能死。

　　a. 很积极　　　　　　　b. 很耻辱　　　　　　c. 最高点

5. 她到了楚国三年没有开口说话，<u>默默地</u>以自己的行为进行反抗。

　　a. 小心地　　　　　　　b. 公开地　　　　　　c. 无声地

Exercise Four: Discussion Questions

1. 为什么说息王是一个愚蠢的皇帝？

2. 息夫人为什么要自杀？后来为什么她又愿意跟楚王走？

3. 人们为什么纪念息夫人？你还知道其他这样的故事吗？请你给我们介绍一下。

第十二课　溥仪皇帝登基

　　溥仪是中国历史上的最后一个皇帝。他当皇帝的时候还不到三岁。溥仪并不是皇帝的儿子，可是他是慈禧太后亲信的后代，慈禧就决定让他当新的皇帝。当慈禧病危的时候叫太监们把他接进宫里。溥仪刚刚进宫三天，慈禧太后就死了，小小的溥仪就登基当上了皇帝。溥仪是这样告诉我们的：

　　在我不到三岁那年的十月二十日的傍晚，我们家突然发生了一场大混乱。宫里太后忽然派人到我家来传圣旨让接我进宫当皇帝。我的奶奶还没听完圣旨就昏过去了。她知道宫廷是个很可怕的地方，不愿意在我这么小年纪就失去我。奶奶一昏过去，大家都着急得到处找药找医生抢救奶奶。我的爸爸更是吓得不知道怎么办才好，一会儿忙着招待宫里的人，一会儿叫人给我穿衣服，一会儿还要照顾昏过去的奶奶。这时候，宫里来的大臣还等着接我这个未来的皇帝进宫。而我这个未来的皇帝还在"抗旨"，又哭又闹不让太监来抱我。"皇帝"一生气，他们就没有了办法。所有的一群大官，包括我的父亲都傻了。大家你看看我，我看看你，不知道该怎么做才好。

　　就在这时，我的奶妈看我小小年纪哭得可怜，就把我抱在怀里给我吃奶。我一吃奶就不哭了。这一下子启发了我父亲和这些大官们，他们决定让奶妈和我一起去宫里，这样我就不会再哭了。

　　到了宫里，我就被抱着去见慈禧太后。我只记得进到一个大房子里，到处都是阴森森的，人们把我推到前面去，我突然看到了一张又老又瘦的吓人的丑脸——这就是慈禧。据说我一看见慈禧就大哭，慈禧让人给我糖果我也不要，我大哭着要找奶妈，哭得慈禧很不高兴，他立刻命令人把我抱走了。

　　我入宫的第三天，慈禧就去世了。又过了半个多月，就开始了我的

"登基大典"。皇帝登基是最大的一件事，可是这个大典被我哭得大煞风景。

　　大典是在皇宫的最大的殿里举行。大典前，所有的大臣先在中和殿给我磕头，然后我再去太和殿接受文武百官朝贺。那天冷极了，我等着他们给我磕头，那么多的人，磕了那么长时间，后来又把我抬到又高又大的皇帝宝座上的时候，我再也忍不住了，就放声大哭："我不要在这儿，我要回家！我不要在这儿，我要回家！"皇帝一哭，谁都没有了办法。我父亲也是大臣，他只好跪下来扶着我，哄我说："别哭别哭，快完了，快完了！"

　　大典结束后，大臣和文武百官都不高兴地议论起来："怎么能说'快完了'呢？这是不吉利的话呵！"

　　事实上，以后不到三年，清朝真的结束了。有的书上说我的哭和我父亲说"快完了"的话是不祥的预兆，其实那句话并不是什么预兆，但是当

溥仪两岁时的照片

时中国已经开始有人提倡革命，中国的社会也已经开始发生了很大的变化。历史发展到了这一个时期，也许皇帝制度真的应该结束了。

根据溥仪《我的前半生》改写

生　词
VOCABULARY

1. 慈禧　　　Cíxǐ　　　Dowager CiXi
2. 太后　　　tàihòu　　　empress dowager; queen mother

3. 亲信　　qīnxìn　　　　trusted followers

4. 病危　　bìngwēi　　　be critically ill

5. 登基　　dēngjī　　　　ascend throne

6. 混乱　　hùnluàn　　　confusion；chaos

7. 圣旨　　shèngzhǐ　　　imperial edict

8. 抢救　　qiǎngjiù　　　rush to save

9. 招待　　zhāodài　　　receive（guests）；serve（customers）

10. 未来　　wèilái　　　　future

11. 抗旨　　kàngzhǐ　　　refuse to obey imperial edict

12. 可怜　　kělián　　　　pity；pitiful

13. 启发　　qǐfā　　　　　enlighten；stimulate；enlightenment；inspiration

14. 阴森森　yīnsēnsēn　　gloomy and clammy

15. 推　　　tuī　　　　　push

16. 丑　　　chǒu　　　　　ugly

17. 煞风景　shāfēngjǐng　dampen／spoil the fun

18. 朝贺　　cháohè　　　　congratulate in court

19. 宝座　　bǎozuò　　　　throne

20. 吉利　　jílì　　　　　fortune；luck

21. 不祥　　bùxiáng　　　unfortunate；unlucky

22. 预兆　　yùzhào　　　　omen；sign；harbinger

23. 提倡　　tíchàng　　　advocate；encourage；recommend

Exercise One：Remembering Detials

再次细读本文并指出下列句子提供的信息是对的（*T*rue）还是错的（*F*alse）。如是错的，请改成正确的答案：

1. 溥仪是慈禧太后的后代，所以他成了末代皇帝。（　　　）

2. 听说溥仪要进宫去当皇帝，他奶奶高兴得昏过去了。（　　　）

3. 溥仪的奶妈喜欢到宫廷里去，所以愿意好好照顾他。（　　　）

4. 溥仪见到慈禧以后很高兴，因为他快要做皇帝了。（　　　）

5. 溥仪进宫半个月以后，慈禧太后就死去了。（　　　）

6. 因为登基大典时间太长，天气又冷，溥仪忍不住哭了。（　　　）

7. 溥仪只当了差不多三年皇帝，清朝就结束了。（　　　）

Exercise Two: Analyzing Ideas

选择下面提供的哪种回答最接近文章提供的事实并完成句子：

1. 因为溥仪是_____，所以他当了皇帝。
   a. 皇帝的儿子　　　　　b. 慈禧亲信的后代　　　c. 不到三岁

2. 溥仪三岁时他家忽然发生混乱，因为_____。
   a. 溥仪奶奶昏过去　　b. 慈禧要溥仪当皇帝　　c. 慈禧死了

3. 溥仪见到了慈禧就大哭，因为_____。
   a. 慈禧不高兴　　　　　b. 可怜　　　　　　　　c. 害怕

4. 登基大典那天溥仪大哭是因为_____。
   a. 人太多　　　　　　　b. 太害怕　　　　　　　c. 天冷、时间太长

5. 清朝的结束是因为_____。
   a. 溥仪太小　　　　　　b. 不祥预兆　　　　　　c. 革命

Exercise Three: Synonyms

根据上下文的意思，找出句子中的同义词：

1. 溥仪是慈禧太后亲信的后代，所以慈禧决定让他当新的皇帝。
   a. 很相信　　　　　　　b. 关系好的亲戚　　　　c. 喜欢的

2. 大家都在着急，而我却在"抗旨"，不愿到宫里去。
   a. 不听长辈的话　　　　b. 不听皇帝的话　　　　c. 反抗指示

3. 皇帝登基是最大的一件事情，可这件事却被我哭得大煞风景。
   a. 使……不好看　　　　b. 使……不公正　　　　c. 使……不成功

4. 有的书上说我父亲说"快完了"是一个不好的预兆。
   a. 预备　　　　　　　　b. 提前　　　　　　　　c. 象征

5. 当时的中国已经有人提倡革命，不久清朝就被推翻了。
   a. 鼓励　　　　　　　　b. 批评　　　　　　　　c. 进行

Exercise Four: Discussion Questions

1. 溥仪不是皇帝的儿子，他为什么能够继承王位？

2. 溥仪家里得到圣旨要他到宫里当皇帝，他奶奶为什么听到这个消息昏了过去？

3. 溥仪为什么不愿意到宫里去？他为什么不喜欢慈禧？

4. 在这篇短文里溥仪哭了几次？作者是怎样描写他的哭的？

5. 清朝是被溥仪哭"完"或他爸爸给说"完"的么？为什么大臣和文武百官说哭和他爸爸说的话不吉利？

第十三课　从皇帝到战犯到公民

　　中国的皇帝制度存在了几千年，到了清朝，中国遭受了很多外来的侵略，中国人也遭受了很多前所未有的<u>耻辱</u>，皇帝面对外来的侵略<u>束手无策</u>。中国人一直以为中国是世界第一，他们从古代的时候就认为中国在什么方面都比外国好。中国过去的皇帝往往把别的国家和民族称作没有文化的国家，给他们起一个不好听的名字。可是到了清朝，由于皇帝和做官的人骄傲自大而又不注重发展科学和技术，实际上中国人在很多方面落后了。但是中国的皇帝没有<u>意识</u>到这一点，仍然把外国人当成没有文化的<u>野蛮</u>人，结果在西方文明面前他们被打败了。

　　在清朝的晚期，中国不断地被打败，中国的老百姓经历了很多的灾难，人们开始认识到，中国要想得到解放，必须推翻封建皇帝制度，学习西方先进科技，<u>发奋图强</u>，建立民主共和国。

　　这样，中国在 1911 年最终推翻了皇帝制度。这时，中国最后一个皇帝溥仪才刚刚当皇帝三年，他当时仅仅是一个不到六岁的孩子。一下子从地位最高的皇帝被推下了宝座，他的生活发生了<u>天翻地覆</u>的变化。他痛恨当时的政府，并发誓要报仇，<u>恢复</u>他自己的皇帝地位。在他的身边，更有很多的大臣和官员，他们也失去了一切，当然天天教育溥仪要恢复帝制，夺回他们失去的<u>天堂</u>。

　　可是皇帝制度在当时受到了全国人民的反对，溥仪没有办法恢复自己失去的地位。他只好等待机会报仇。这个机会终于被他等到了。在那个时候，日本一直想侵略中国，他们侵占了中国的东北，遭到了全中国人民的抗议和世界上其他国家的反对。日本人这时想尽办法要霸占中国，遇到了那么多的反对，他们就想把霸占的中国东北变成一个国家叫"满洲国"，同时<u>引诱</u>被推翻的皇帝溥仪到那儿去当"皇帝",使他们的侵略合法化。

日本和伪"满洲国"签定条约时
溥仪和日本军官们的合影

这时候,溥仪为了重新当皇帝,为了复仇,他什么都愿意去做。因此他差不多是毫不犹豫地就答应了日本人,当上了"满洲国"的皇帝。"满洲国"在第二次世界大战中成了日本侵略中国的一个重要的基地,溥仪认贼作父,靠着日本人的势力,在那儿犯下了很多罪行。战争结束后,溥仪和侵略中国的日本军官一起受到了国际法庭的审判。他从一个皇帝变成了一个可耻的战争罪犯。

审判后,溥仪被关进了中国的监狱。他成了一个罪人。在监狱里,溥仪刚开始并不认为他有罪,他认为他恢复自己的皇帝地位是对的,不是犯罪。后来,他参观了很多地方,特别是参观了在抗日战争中日本侵略者残杀中国人民的罪行展览,看到他支持的"满洲国"是怎样帮助了日本人,害死了成千上万的中国人,他认罪了。从那以后,溥仪决心认真地改造自己,忏悔自己犯过的罪行,改正自己的错误,重新做人。

在监狱里,溥仪认真改造了十年,最后被特赦释放,成了一个中国公民。从一个皇帝变成了一个公民,从"神"变成了一个普通人,溥仪的确经历了几千年中国历史上所有皇帝都没经历过的事。但是,经过改造后的溥仪非常珍惜自己成了人民的一员,他为此感到骄傲和自豪。他由参加劳动变得热爱劳动,他因为和普通人打交道变得关心普通人，并和很多普通人交上了朋友。溥仪的变化受到了全中国人民的关心。不仅是中国，溥仪的生活和命运也受到了世界上其他国家的关心。在他的晚年，他接受过很多国家记者和领导人的<u>访问</u>，向别人讲述他接受改造和他一生的故事。

　　由皇帝变成了战争罪犯到最后变成了一个公民，他的生活就像是一场梦，又像是一个<u>奇迹</u>。为了教育后人和回顾、<u>讲述</u>一下自己的历史，溥仪把自己的经历写成了一本回忆录《我的前半生》。他的书受到了全中国和世界人民的欢迎，被翻译成了十几种外文发表，他的故事也被人们<u>改编</u>成小说、电影、电视剧到处<u>传播</u>着。中国成功地改造了最后一个皇帝的故事在中国历史上将会被人们长时间地记着：不管是皇帝还是普通人，不管犯过什么样的错误，只要愿意改正，只要他还有人性，热爱自己的人民，人民还是会张开双<u>臂</u>欢迎他的。

生　词
VOCABULARY

1.	耻辱	chǐrǔ	shame; disgrace; humiliation
2.	束手无策	shùshǒuwúcè	be at a loss what to do; feel quite helpless; be in one's wit' end
3.	意识	yìshí	realize; be awareof; consciousness;
4.	野蛮	yěmán	uncivilized; savage; barbarous
5.	发奋图强	fāfèntúqiáng	work with a will to make the country strong
6.	天翻地覆	tiānfāndìfù	heaven and earth turning upside down; tremendous changes
7.	恢复	huīfù	resume; renew; recover; regain; restore
8.	天堂	tiāntáng	heaven; paradise
9.	引诱	yǐnyòu	lure; seduce
10.	合法化	héfǎhuà	legalize; legitimize
11.	犹豫	yóuyù	hesitate
12.	势力	shìlì	power; influence
13.	法庭	fǎtíng	court

14. 审判	shěnpàn	bring to trail; try
15. 可耻	kěchǐ	shameful
16. 认罪	rènzuì	admit one's guilt; plead guilty
17. 忏悔	chànhuǐ	repent; be penitent; confess（one's sins）
18. 特赦	tèshè	special pardon; special amnesty
19. 公民	gōngmín	citizen; citizenship
20. 访问	fǎngwèn	visit; interview
21. 奇迹	qíjì	miracle; wonder; marvel
22. 回忆录	huíyìlù	reminiscences; memoirs; recollections
23. 改编	gǎibiān	adapt; rearrange; revise
24. 传播	chuánbō	spread widely; publicize
25. 臂	bì	arm

Exercise One: Remembering Detials

再次细读本文并指出下列句子提供的信息是对的（*True*）还是错的（*False*）。如是错的，请改成正确的答案：

1. 中国人过去从没失败过，所以他们很看不起外国人。（　　）

2. 到了清朝，虽然皇帝很骄傲自大，但中国人却比较重视发展科学技术。（　　）

3. 溥仪被推翻后，为了发奋图强，他决心建立民主共和国。（　　）

4. 溥仪不想恢复皇帝制，但他身边的大臣和官员想恢复它。（　　）

5. 溥仪当了"满洲国"的皇帝，只是为了帮助日本人。（　　）

6. 在第二次世界大战中，溥仪如果不同日本人合作，他就不会成为一个战争罪犯。（　　）

7. 通过审判后，溥仪被送到了日本，成了一个罪人。（　　）

8. 溥仪刚开始并不认为自己有罪，到后来看到了很多的他犯罪的事实，他终于认罪了。（　　）

9. 溥仪在监狱里生活了十年，最后成为了一个中国公民。（　　）

10. 溥仪虽然成了公民，但普通人始终认为他是一个罪犯。（　　）

Exercise Two: Analyzing Ideas

选择下面提供的哪种回答最接近文章提供的事实并完成句子：

1. 中国皇帝制度存在了几千年，到了清朝灭亡了，因为_____。
   a. 人民不喜欢它了　　　b. 皇帝太坏　　　　　c. 外来侵略

2. 在清朝，皇帝和做官的人把外国人看成是_____。
   a. 野蛮人　　　　　　b. 耻辱　　　　　　　c. 世界第一

3. 在 1911 年，_____终于推翻了皇帝制度。
   a. 中国人　　　　　　b. 外国人　　　　　　c. 大臣和官员

4. 溥仪和日本人合作，同意当"满洲国"皇帝是因为_____。
   a. 恢复地位　　　　　b. 侵略中国　　　　　c. 失去一切

5. 溥仪成为中国公民以后，他_____。
   a. 非常珍惜　　　　　b. 被特赦释放　　　　c. 开始认罪

Exercise Three: Discussion Questions

根据上下文的意思，找出句子中的同义词：

1. 到了清朝，中国越来越落后，皇帝对外来的侵略束手无策。

    a. 没有办法　　　　　b. 非常生气　　　　　c. 非常骄傲

2. 中国人决定要努力学习西方先进科技，<u>奋发图强</u>。

    a. 努力工作　　　　　b. 非常耻辱　　　　　c. 束手无策

3. 推翻了皇帝制度后，溥仪的生活发生了<u>天翻地覆</u>的变化。

    a. 非常巨大　　　　　b. 从来没有　　　　　c. 非常混乱

4. 在第二次世界大战中，日本人想尽办法要<u>霸占</u>中国。

    a. 用欺骗占领　　　　b. 用武力占领　　　　c. 为所欲为

5. 溥仪决心认真地改造自己，<u>忏悔</u>自己犯过的罪行。

    a. 承认并后悔　　　　b. 愤怒并骄傲　　　　c. 谦虚和耻辱

6. 溥仪认真改造了十年，最后被<u>特赦</u>释放，成了一个中国公民。

    a. 特别原谅　　　　　b. 特别高兴　　　　　c. 特别善良

7. 溥仪的生活就像是一场梦，又像是一个<u>奇迹</u>。

    a. 让人惊奇的事情　　b. 不公正的事情　　　c. 浪漫的事情

Exercise Four: Discussion Questions

1. 到了清朝，中国为什么落后了？清朝政府为什么在西方人面前打了败仗？

2. 中国的老百姓为什么要推翻皇帝制度？溥仪又为什么要恢复皇帝制度？

3. 日本人为什么要请溥仪重新当皇帝？溥仪为什么成了战犯？

4. 溥仪刚开始为什么不认罪？后来他为什么忏悔并决心改造自己？

5. 为什么说溥仪的一生像一个奇迹？为什么溥仪的命运受到了世界上其他国家
   人们的关心？他的故事对今天的人有什么教育意义？

预习提示:
Before You Started:

1. 中国的传统家庭和西方的传统家庭有什么不同? 古代家庭和现代家庭有什么不一样?
2. 你喜欢中国的传统家庭吗? 中国家庭和西方家庭最大的不同是在什么方面?
3. 现代中国人的家庭观念为什么改变了?

第十四课　传统的中国家庭

　　熟悉中国文化的人都知道，中国人是一个十分**重视**家庭关系的民族。家庭是中国社会中的一个最小的**单位**，也是一个最重要的单位。中国人认为家庭的**和睦**是最重要的。人们常说："**家和万事兴**"。怎样才能使家庭关系保持和睦呢? **最关键**的一点就是一个人在家里要守**规矩**、懂道理，尊重家庭的礼节和**秩序**；一家人要互相关心、互相爱护和互相照顾，为了家庭的利益，个人应该**牺牲**自己的利益。在家里，人人都应该尊敬和服从长辈。在传统的社会里，中国人的**梦想**是一家人多生儿子，多子多福，组成一个大家庭，几代人永远**团圆**在一起，三世同堂或四世同堂。但是，随着现代社会生活形式的变化和生活节奏的加快，这种传统的梦想越来越**不合时宜**和难以实现，中国传统式的大家庭也越来越少了。

　　中国人家庭最主要的一个特点是敬老和尊重**权威**。中国是一个祖宗崇拜的社会。在**遥远**的古代，人人都听从老年人的话，在家里则听父母的话，一方面因为他们有着丰富的知识和经验，另一方面是因为他们是长辈，他们给了你生命，你应该永远感激他们。就这样，孩子们尊重自己的父母，父母则尊重他们的父母，因此，年纪最大、辈分最高的人得到了最多的尊重。一代传一代，中国人的这种敬老的传统就发展起来了。除了敬老以外，中国人还尊重权威。尊重权威是孔夫子**提倡**的。孔夫子认为，家是社会的一个**缩影**，而社会则是一个**扩大**了的"家"。社会的权威如**市长**、**省长**就是社会这个大家庭的一些职务不同的家长，皇帝则是最大的家长；如果每一个"家庭"都管理好了自己，一个社会就会得到平安。敬老和尊敬权威的观点是**一致**的。孔夫子曾经说过，如果一个人孝敬父母他就会尊重权威，尊重权威就会服从领导，服从领导就不会**造反**，所以尊重长辈和尊重权威是一个国家的立国之本。由于孔夫子的话有利于皇帝的统治，他关于敬老和尊重权威的主张受到了中国**历来**的皇帝的**拥护**和称赞。

中国人家庭第二个特点是要求晚辈**孝顺**。"孝"就是敬老、爱护、照顾长辈，"顺"就是要**无条件**地服从，长辈说得对的当然要服从，即使他们说的完全不对的也要服从。在传统的中国社会里有时候父母或长辈说的话就像是法律，连想跟他们讨论、**商量**一下都会被认为是不懂礼貌或不懂道理。在中国，孝敬被社会**公认**为是一种美德，而说一个人"不孝"则是对他较**严厉**的**谴责**。在中国的封建社会里，长辈们决定着晚辈的一切，青年人的婚姻问题总是会受到家庭和长辈的**干涉**。中国传统思想认为儿子孙子越多，家庭越**兴旺**，因此家家都想多生男孩子，早生男孩子。为了达到这个目的，家长们总是希望他们的男孩子早结婚，早生出下一代的男孩子。在传统的中国社会里，年轻人的婚姻**大都**是长辈决定的，结婚以前，丈夫和妻子不能见面，甚至连对方长得什么样都不知道。因为这样的婚姻总是家长说了算，所以人们把它称作"**包办**婚姻"。在那个时代，生男孩子是婚姻的一个重要目的，如果结婚后妻子不能生孩子或没生男孩子丈夫就可以再娶第二个妻子甚至第三个妻子为他生儿子，这些妻子们被称作"姨太太"。

中国人家庭第三个特点是**男尊女卑**。重男轻女的思想不仅表现在男人的思想行为上，而且表现在女性的长辈那里。在传统的中国人家庭里，不仅是爷爷和爸爸，即使是奶奶和妈妈关心男孩子也**胜过**关心女孩子，姐妹们也都自觉地事事让着小弟弟。中国人的家庭对男孩子比较**溺爱**，而对女孩子则有很多特别的要求。中国的封建社会不允许女人走出家庭，不允许女人工作和参加社会活动，更不允许妇女离婚；除此以外，传统的中国社会还对女人有很多特别要求。比如说，中国的封建道德要求女人"三从四德"。什么是三从四德呢？那就是要求妇女们要无条件地听从男人的话。三从是"未嫁从父，既嫁从夫，夫死从子"；而四德则要求妇女要有品德、会说话、注重仪表、会做家务，等等。由于中国传统社会对妇女有着很多的**约束**，封建的中国家庭对女儿的要求也非常严格。在女孩子小的时候要训练她们懂得妇女的道德、服从别人和怎样做家务；在女儿结婚以后则教导她们孝敬公婆、听丈夫的话。甚至女儿在丈夫家里受欺负或处境不好时爸爸妈妈一般也不能去帮助她。中国人有句**谚语**叫做"嫁出去的女儿，泼出去的水"，意思是说结过婚的女儿她的父母就没有权利来干涉她的生活了。中国还有一句谚语叫做"嫁狗随狗，嫁鸡随鸡"，这句话劝结了婚的女人要听自己丈夫的话，即使丈夫做得不对也不要抱怨。

　　中国人家庭的第四个特点是重视教育，尊重读书人。中国从古以来就是一个注重教育的国家，在中国历史上，读书人一直受到了社会的尊重。早在孔夫子以前的时代，很多的国王都需要读书人帮助他们出主意来领导国家和治理国家。到了后来，皇帝往往相信和依靠一部分读书人来帮助他们统治国家。此外，国家还通过考试来**选拔**官员和人才。这样，由于国家和政府的提倡和鼓励，很多人刻苦学习，努力奋斗，希望靠努力读书来**出人头地**、**耀祖光宗**。孔夫子提倡"读书做官"，做官就有了权力，有了一切，这是中国老百姓世世代代的一个**翻身**的梦想。这种传统一直延续到了今天。在今天，读书虽然不能像过去那样做官，但是读了书，有了知识就能有更好的工作和更好的前途，所以，中国人仍然非常注重孩子的教育，家长总是希望他们的孩子上最好的大学，读最高的学位。

　　传统的中国人关于家庭的观念也深深地影响了现代中国人的思

想。比如，中国人总是喜欢大家庭，人口越多越好，这种想法造成了现代中国的人口问题。因为人口太多，中国的自然**资源**有很多的**局限**，由此产生了住房问题、教育问题、**就业**问题等等一系列的社会问题，这种情况影响了中国社会的发展和进步。从二十世纪七十年代末起，中国政府开始实行**计划生育**制度，一个家庭只能生一个孩子。但是这种制度也造成了一些新的问题：**独生子女**问题。有人担心，如果一家只能生一个孩子，孩子没有兄弟姐妹，在未来的中国社会，哥哥弟弟姐姐妹妹叔叔伯伯姑姑姨姨和"堂"亲、"表"亲这些中国表示亲属关系的**称呼**将不再存在，未来的人们将只能在字典上查找出它们的意义……

中国人的家庭观念也在发生着变化，现在中国社会的基本结构是三口人的小家庭越来越多。年轻的一代越来越多地离开了自己的家乡到外面的世界去求学求职。虽然远离家乡，中国人的家庭观念还是比较强烈的。过年过节的时候，只要有可能，晚辈的儿孙总是**千里迢迢**地赶回家去和家人团聚，共同庆祝；即使因各种条件的**限制**不能回家，中国人一定要给遥远的家人**致意**问好，**祝福**长辈和家人幸福**平安**。

随着中国现代社会的发展，中国家庭的结构在逐渐地改变。尽管中国人受到了西方现代化思想的很多影响，但传统中国人关于家庭的观念仍然影响着广大中国人的想法和做法，即使在海外，很多华侨或外籍的华人仍然保持着一些中国人的传统和习惯。

生 词
VOCABULARY

1. 熟悉	熟悉	shúxī	（动）	知道的很清楚；be familiar with
2. 重视	重视	zhòngshì	（动）	特别认真地对待；pay specific attention on
3. 单位	單位	dānwèi	（名）	工作的地方，如公司工厂等；work unit

4. 和睦	和睦	hémù	（形）	相处得好；harmony；amity
5. 兴	興	xīng	（形）	旺盛；流行；prosperous
6. 关键	關鍵	guānjiàn	（名）	重点，重要的部分；hinge；key
7. 规矩	規矩	guīju	（名）	一定的标准；法则；regulation；rule
8. 秩序	秩序	zhìxù	（名）	整齐，有条理；order
9. 牺牲	犧牲	xīshēng	（动/名）	放弃；捐献；give up；sacrifice
10. 梦想	夢想	mèngxiǎng	（名）	渴望，十分想念；dream；to long for
11. 团圆	團圓	tuányuán	（动/名）	一家人齐聚在一起；reunion
12. 不合时宜	不合時宜	bùhéshíyí	（习）	不符合当时的情况；untimely
13. 遥远	遙遠	yáoyuǎn	（形）	非常非常远；remote；distance
14. 提倡	提倡	tíchàng	（动）	鼓励并让别人去做；promote
15. 缩影	縮影	suōyǐng	（名）	对事件或事物有代表性的表现；epitome；miniature
16. 扩大	擴大	kuòdà	（动）	把一个东西从小变大；enlargement
17. 市长	市長	shìzhǎng	（名）	城市的行政长官；mayor
18. 省长	省長	shěngzhǎng	（名）	省府的行政长官；governor
19. 一致	一致	yízhì	（形/副）	统一的，没有不同的；identical；unanimous
20. 造反	造反	zàofǎn	（动）	对统治者或统治秩序不满意，用行动来反对它们；rebel
21. 历来	歷來	lìlái	（副）	从古以来都是这样；always；constantly
22. 拥护	擁護	yōnghù	（动）	赞成并支持；support；endorse
23. 孝顺	孝顺	xiàoshùn	（动）	尊敬长辈并听他们的话；show filial obedience
24. 无条件	無條件	wútiáojiàn	（副）	不提出任何条件；unconditionally
25. 商量	商量	shāngliáng	（动）	讨论；discuss

26.	公认	公認	gōngrèn	（动）	大家都认为的；generally acknowledged
27.	严厉	嚴厲	yánlì	（形）	严肃而且厉害；ster；severe；strict
28.	谴责	譴責	qiǎnzé	（动）	很严厉的批评；condemn；denounce
29.	干涉	干涉	gānshè	（动）	强行过问或制止别人的事；interfere
30.	兴旺	興旺	xīngwàng	（形）	旺盛，有好的前途；prosperous
31.	大都	大都	dàdōu	（副）	差不多；almost
32.	包办	包辦	bāobàn	（动）	代替别人去办；take care of everything concerning a job
33.	男尊女卑	男尊女卑	nánzūnnǚbēi	（习）	尊敬男人，看不起女人 male chauvinism
34.	胜过	勝過	shèngguò	（动）	超过；比它/他好；surpass；more than
35.	溺爱	溺愛	nì'ài	（动/名）	对孩子的过分的爱；spoil；dote on
36.	谚语	諺語	yànyǔ	（名）	人们常说的意义深刻的固定句子和特定的语言表达方法；proverb
37.	选拔	選拔	xuǎnbá	（动）	挑选并推荐；chose；select
38.	出人头地	出人頭地	chūréntóudì	（习）	超出一般人 stand out among one's fellows
39.	耀祖光宗	耀祖光宗	yàozǔguāngzōng	（习）	让祖宗和家族感到光荣；to gain honor for one's ancestors
40.	翻身	翻身	fānshēn	（动）	解放自己；free oneself；stand up
41.	资源	資源	zīyuán	（名）	原料和劳动力的来源；resources
42.	局限	局限	júxiàn	（动/名）	限制在一定的范围；limit
43.	就业	就業	jiùyè	（动）	找工作；to get a job
44.	计划生育	計劃生育	jìhuàshēngyù	（名）	有计划地生孩子；birth control
45.	独生子女	獨生子女	dúshēngzǐnǚ	（名）	家里唯一的孩子；only children
46.	称呼	稱呼	chēnghu	（动/名）	叫别人的名字或身份；address；title

47. 千里迢迢	千里迢迢	qiānlǐtiáotiáo	（习）	很远很远的路；over a great distance
48. 限制	限制	xiànzhì	（动/名）	规定的范围；restrict；confine
49. 致意	致意	zhìyì	（动）	表示想念、问候；give one's regards
50. 祝福	祝福	zhùfú	（动）	祝愿别人平安幸福；bless
51. 平安	平安	píng'ān	（形）	和平安宁；peace

习惯用语和特殊表达用语

家和万事兴： 家庭团结什么事都能做好。[和] 和睦，和谐。[兴] 兴旺。

1. 中国人认为家庭关系非常重要，长辈们常说家和万事兴，他们非常注重家庭内部的团结。
2. "家和万事兴"不仅是中国人的看法，亚洲其他国家的人也有很强的家庭观念。

不合时宜： 不符合情况，机会不好。[合] 符合。

1. "你怎么能在这个时候提出这种要求来呢，真是不合时宜!"
2. 虽然他的想法现在提出来是有点不合时宜，但是仔细想一想它实际上还是很有道理的。

三从四德： 古时候妇女要遵守的一些传统道德。[从] 服从，遵守。

1. 有人说三从四德是中国古代文化的传统美德，你认为这话对吗?
2. 今天，很多传统的道德标准都受到了年轻一代的怀疑和批判。像三从四德这样的观念现代妇女早已认为过时了。

嫁出去的女儿，泼出去的水（compare with：说出去的话，泼出去的水）"泼出去的水"表示没有办法改变、无法收拾和处理的东西。你只能承认这个事实。

1. 过去很多中国的家庭不知道怎样保护女儿的利益，他们总是认为"嫁出去的女儿，泼出去的水"，而不去向法律求助。
2. 不仅在中国，在其他国家也有的文化认为是"嫁出去的女儿，泼出去的水"，女孩子结婚以后应该完全听丈夫的话。

嫁狗随狗，嫁鸡随鸡：女孩子应该跟谁结婚就听谁的话。[随] 跟随，服从。

1. 她说她有能力来自己养活自己，她要出来奋斗，不应该有嫁狗随狗，嫁鸡随鸡的思想。

2. 她笑着劝我说："今天我们女人不应该再有嫁狗随狗，嫁鸡随鸡的想法了。你受过那么好的教育，应该出来工作。"

出人头地：超出别人，比别人强。

1. 从那以后，他就想要练出一身好功夫，长大了一定要出人头地。

2. 虽然比尔后来没有出人头地，但是他帮助老百姓做了很多好事，人们还是喜欢他，把他当作自己的朋友。

耀祖光宗：作伟大的事，使自己的家庭和祖宗都感到光荣。[耀] 使闪光。

1. 中国传统文化规定读书人有很多义务，其中一条是他们要好好读书，然后考试做官，耀祖光宗。

2. "从小我们中国人的父母就教育我们要刻苦读书、耀祖光宗，你们美国人有这样的观念吗?"

读书做官：在中国古代，学习的目的是为了通过科举考试当大官。

1. 在一千多年的中国古代社会里，读书做官是大部分中国读书人学习的动力。

2. "读书做官"是一种很陈旧的观念，今天人们读书大多是为了得到知识。

千里迢迢：很远很远。[迢迢] 遥远，看不到头，没有边。也作"万里迢迢"。

1. 他们千里迢迢从欧洲到这儿来的目的就是要教你们学会开车和怎样使用这些机器。

2. "难道你们万里迢迢到美国就是为了要来学做美国饭的吗?"

句型和词汇用法

● **重视**

1. 传统的中国家庭非常重视教育，他们认为读书是一个人一生中要做的最重要的事情。

2. 凡是重视传统文化的民族＿＿＿＿＿＿＿＿＿＿＿＿＿＿＿＿＿＿＿＿＿

＿＿＿＿＿＿＿＿＿＿＿＿＿＿＿＿＿＿＿＿＿＿＿＿＿＿＿＿＿＿＿＿＿。

3. 如果他真的那么重视这件事＿＿＿＿＿＿＿＿＿＿＿＿＿＿＿＿＿＿＿＿

＿＿＿＿＿＿＿＿＿＿＿＿＿＿＿＿＿＿＿＿＿＿＿＿＿＿＿＿＿＿＿＿＿。

● 和睦

1. 他们兄弟之间的关系一直不太和睦，你帮忙劝劝他们吧。

2. 只有国家和国家之间的关系和睦了＿＿＿＿＿＿＿＿＿＿＿＿＿＿＿＿＿

＿＿＿＿＿＿＿＿＿＿＿＿＿＿＿＿＿＿＿＿＿＿＿＿＿＿＿＿＿＿＿＿＿。

3. 要是同事之间的关系不和睦＿＿＿＿＿＿＿＿＿＿＿＿＿＿＿＿＿＿＿＿

＿＿＿＿＿＿＿＿＿＿＿＿＿＿＿＿＿＿＿＿＿＿＿＿＿＿＿＿＿＿＿＿＿。

● 梦想

1. 他从小就梦想当一个科学家，可是没想到后来当了一个老师。

2. 溥仪失去了自己的皇位以后，＿＿＿＿＿＿＿＿＿＿＿＿＿＿＿＿＿＿＿

＿＿＿＿＿＿＿＿＿＿＿＿＿＿＿＿＿＿＿＿＿＿＿＿＿＿＿＿＿＿＿＿＿。

3. 他告诉我他的梦想是＿＿＿＿＿＿＿＿＿＿＿＿＿＿＿＿＿＿＿＿＿＿＿

＿＿＿＿＿＿＿＿＿＿＿＿＿＿＿＿＿＿＿＿＿＿＿＿＿＿＿＿＿＿＿＿＿。

● 提倡

1. 由于有着严重的人口问题，中国政府提倡一家只生一个孩子。

2. 由于这个城市严重缺水，＿＿＿＿＿＿＿＿＿＿＿＿＿＿＿＿＿＿＿＿＿

＿＿＿＿＿＿＿＿＿＿＿＿＿＿＿＿＿＿＿＿＿＿＿＿＿＿＿＿＿＿＿＿＿。

3. 他不应该提倡吸烟，＿＿＿＿＿＿＿＿＿＿＿＿＿＿＿＿＿＿＿＿＿＿＿

＿＿＿＿＿＿＿＿＿＿＿＿＿＿＿＿＿＿＿＿＿＿＿＿＿＿＿＿＿＿＿＿＿。

● 一致

1. 在这样的情况下，我们一致认为我们应该帮助他。

2. 他们对这个问题的看法现在还有点不太一致，＿＿＿＿＿＿＿＿＿＿＿

＿＿＿＿＿＿＿＿＿＿＿＿＿＿＿＿＿＿＿＿＿＿＿＿＿＿＿＿＿＿＿＿＿。

3. 他们对这个问题的看法不一致一点也不奇怪，＿＿＿＿＿＿＿＿＿＿＿

＿＿＿＿＿＿＿＿＿＿＿＿＿＿＿＿＿＿＿＿＿＿＿＿＿＿＿＿＿＿＿＿＿。

● **历来**

1. 中国传统文化历来不喜欢商人，所以在中国商业文化一直不够发达。

2. 他说他历来不喜欢吃法国饭，＿＿＿＿＿＿＿＿＿＿＿＿＿＿＿＿＿

＿＿＿＿＿＿＿＿＿＿＿＿＿＿＿＿＿＿＿＿＿＿＿＿＿＿＿＿＿＿。

3. 英国政府历来认为＿＿＿＿＿＿＿＿＿＿＿＿＿＿＿＿＿＿＿＿＿

＿＿＿＿＿＿＿＿＿＿＿＿＿＿＿＿＿＿＿＿＿＿＿＿＿＿＿＿＿＿。

● **无条件**

1. 她说：如果你遇到了困难，我一定会无条件地帮助你。

2. 感谢你能在这个时候能够无条件地支持我，＿＿＿＿＿＿＿＿＿＿

＿＿＿＿＿＿＿＿＿＿＿＿＿＿＿＿＿＿＿＿＿＿＿＿＿＿＿＿＿＿。

3. 他笑了笑说，我的帮助不是无条件的，＿＿＿＿＿＿＿＿＿＿＿＿

＿＿＿＿＿＿＿＿＿＿＿＿＿＿＿＿＿＿＿＿＿＿＿＿＿＿＿＿＿＿。

● **公认**

1. 请你别误会他，他是一个公认的好人，不会成心伤害你的。

2. 虽然大家公认这件事应该这样处理，＿＿＿＿＿＿＿＿＿＿＿＿＿

＿＿＿＿＿＿＿＿＿＿＿＿＿＿＿＿＿＿＿＿＿＿＿＿＿＿＿＿＿＿。

3. 社会公认的道理也不一定都是对的。比如说，＿＿＿＿＿＿＿＿＿

＿＿＿＿＿＿＿＿＿＿＿＿＿＿＿＿＿＿＿＿＿＿＿＿＿＿＿＿＿＿。

● **干涉**

1. 现在的情况和过去有了很大的不同，父母已经不再干涉孩子们的婚姻问题了。

2. 难道因为这个国家强大，它就有权利干涉别的国家的问题吗？

3. 他已经不是第一次干涉别人的事情了，＿＿＿＿＿＿＿＿＿＿＿＿

＿＿＿＿＿＿＿＿＿＿＿＿＿＿＿＿＿＿＿＿＿＿＿＿＿＿＿＿＿＿。

● **大都**

1. 凡是受到过中国文化影响的人大都知道敬老爱幼是中国文化传统的一个重要方面。

2. 他认为没有受过教育的人大都＿＿＿＿＿＿＿＿＿＿＿＿＿＿＿＿＿

＿＿＿＿＿＿＿＿＿＿＿＿＿＿＿＿＿＿＿＿＿＿＿＿＿＿＿＿＿＿。

3. 谁说凡是有钱的人大都是有道德的人？＿＿＿＿＿＿＿＿＿＿＿＿＿

_____

_____。

● **约束**

1. 你要想让别人改变对你的看法，你必须从现在开始好好约束你自己的行为。

2. 一个不善于约束自己的人_____

_____。

3. 他从来只告诉别人约束自己的行为，_____

_____。

● **选拔**

1. 为了这次比赛，这所高中选拔出了最优秀的五十个学生。

2. 我们认为，选拔学习最好的人不是我们的目的，_____

_____。

3. 她的心里很难过，几次选拔她都没被选上，_____

_____。

● **限制（V/N）**

1. 虽然他这件事情做得不对，可是你也不能因此就限制他说话的权利。

2. 这儿并没有人限制他，但是_____

_____。

3. 你们对他的不友好的态度对他实际上就是一种限制，_____

_____。

4. 不管你多么有钱，你都没有能力去限制一个人的自由。你的钱可以买来_____

_____，但是并不可以_____。

一、根据课文的内容回答下列问题：

1. 为什么说中国人是一个最注重家庭关系的民族？

2. 从哪些方面可以看出中国人是一个十分重视家庭关系的民族？

3. 中国人为什么喜欢大家庭？大家庭有什么好处和坏处？

4. 中国人为什么会有敬老和尊敬权威的传统？你认为这种传统有什么特点？它值得提倡吗？

5. 谈一谈你所理解的中国人的"孝顺"。你认为中国人的孝顺观念对不对？西方人有没有孝顺观念？

6. 传统的中国社会为什么对女人有那么多过分的要求？他们为什么要约束女子的生活和行为？

7. 中国人为什么那么重视教育、尊敬读书人？

8. 在现代社会，中国人遇到一些什么样的问题？中国为什么要实行计划生育制度？这个制度造成了什么样的新问题？

9. 现在中国人的家庭结构在发生着一种什么样的新变化？

二、用下列的词造句子：

1. 秩序：

2. 牺牲：

3. 不合时宜：

4. 权威：

5. 商量：

6. 严厉：

7. 谴责：

8. 胜过：

9. 溺爱：

10. 出人头地：

11. 局限：

三、找出下列每组词中的近义词或同义词：

➤ 重视	注重	严重	重要
➤ 和睦	团结	合作	和平
➤ 秩序	制度	纪律	严格
➤ 提倡	拥护	表扬	提出
➤ 一致	一起	一切	一同
➤ 严厉	严格	严肃	严重
➤ 谴责	批判	责备	责任
➤ 干涉	关系	过问	责备
➤ 大都	差不多	也许	有时

> 约束　　　结束　　　限制　　　大约
> 选拔　　　选择　　　选举　　　挑选
> 局限　　　限制　　　范围　　　规矩

四、选词填空：（秩序、梦想、提倡、重视、权威、熟悉、牺牲、梦想、重视、限制、历来、公认、局限、胜过、商量、大都、谴责、一致、扩大、限制）

1. 这个工作每天都要使用电脑，不_____电脑的人不能申请这个工作。

2. 我们应该_____一个人的实际工作能力呢还是应该_____他的知识水平呢？

3. 不管你到哪个国家你都应该遵守当地的_____。

4. 为了早点读完她的学位，她决定再作出一些_____：晚几年再结婚。

5. 我一直_____着有一天能亲自去看看长城到底是个什么样子。

6. 虽然中国法律不反对年轻人喝酒，可是我们并不_____年轻人喝酒。

7. 他终于实现了他的_____，今年春天考上了这所美国最有名的大学。

8. 虽然我尊敬_____，可是我并不一定要服从他们。

9. 为了_____他们产品的影响，他们公司天天在电视上做广告。

10. 虽然我和他的意见并不完全_____，但我仍然支持他的工作。

11. 我们_____主张看一个人的品格应该全面考察，不能因为他做错了一件事就看不起他。

12. 这件事我跟他_____了好多次，一直没有结果。

13. 他学习非常努力，是全体老师_____的最优秀的学生。

14. 他虽然成功了，可是他的做法受到了很多人的_____。

15. 差不多所有的父母都关心自己孩子的婚事，你不能把关心当成_____。

16. 他说凡是热爱生活的人_____热爱花，你觉得这个说法对吗？

17. 他说法国的丝绸胜过中国的丝绸，你相信么？

18. 在这方面虽然你是权威，可是你也不能_____别人的思想。大家可以一起讨论一些看看，有没有更好的解决办法。

19. 你们不必受他的观点的_____，再进一步想想别的方法。

五、用括号里的词改写句子：

1. 中国的传统要求孩子们在家里要听父母的话，一方面因为他们有更丰富的生活知识和经验，另一方面是因为他们是长辈，他们给了你生命，你应该永远感激和孝敬他们。（不但……而且……）

2. 中国人不但尊敬老年人和自己的父母，而且还尊重权威。（除了……以外，……还……）

3. 孝顺就是要无条件地服从长辈说的话。他们说得对当然要听，即使他们说得不对也要服从。（虽然……但是……）

4. 在传统的中国社会里有时候父母或长辈说的话就像是法律，连想跟他们讨论、商量一下都会被认为是不懂礼貌或不懂道理。（如果……就……）

5. 在今天，读书虽然不能像过去那样做官，但是读了书，有了知识就能有更好的工作和更好的前途，所以，中国人仍然非常注重孩子的教育。（即使……然而……）

6. 在那个时代，生男孩子是婚姻的一个重要目的，如果结婚后妻子不能生孩子或没生男孩子丈夫就可以再娶第二个妻子甚至第三个妻子为他生儿子。（即使……也……）

六、写作练习：

1. 用一句话来总结出课文中每一段的意思。
2. 用三句话来概括（summarize）出这篇课文的主要内容和观点。
3. 谈谈传统的中国家庭和传统的美国家庭有什么不同。
4. 中国传统的家庭思想对中国人的现代生活有什么影响？
5. 你认为什么样的家庭是最理想的？为什么？
6. 作文：《我熟悉的一个中国家庭》

第十五课　家

　　俄国一位著名的作家托尔斯泰（Lev Tolstoy）说过："幸福的家庭总是<u>相似</u>的，而不幸的家庭却各有各的不幸。"我们这儿要说的是一个不幸的家庭的故事。

　　不幸不一定是因为贫穷，一个家庭可能十分富有却并不幸福。这个故事发生在二十世纪初期的中国。那时候，中国清朝皇帝的封建统治被推翻，刚刚成立了共和国，可是国家内部十分混乱。<u>军阀</u>到处打仗，而封建的势力仍然非常强大，传统的中国家庭仍然非常<u>保守</u>，到处都是阴森森、黑沉沉的。在中国四川省有一个姓高的大家庭，这家有几十口人，年龄最大的是老爷。老爷有好几个儿子，十几个孙子、孙女。这个老爷非常保守，他总是用孔夫子的话或旧的封建传统道德来统治和教导晚辈。他要求孩子们事事处处都要听他的话，有事要向他报告。他的几个上大学的孙子在那个时候看到国家混乱、政府<u>腐败</u>，中国受到了外国人的侵略和<u>瓜分</u>非常愤怒和难过，他们想参加一些政治活动来表达自己对祖国的热爱和对国家命运的<u>担忧</u>。老爷知道了这件事非常生气。他常常告诫晚辈们要好好读书，不要关心外边发生的事。他要求孩子们要遵守孔夫子的教导，不要做任何违犯传统道德的事。老爷虽然对晚辈要求很严格，但他自己年轻时也很荒唐，他请唱戏的女演员来家照相；年纪那么老了还娶了一个<u>浓妆艳抹</u>的姨太太。孙子们虽然不喜欢爷爷的行为，可是没有一个人敢于不听爷爷的话。

　　高家有一个<u>女佣</u>叫鸣凤，鸣凤是个非常可爱的姑娘。她从小就在高家当<u>丫头</u>，受过很多苦。鸣凤今年十七岁，她长得很漂亮，做事<u>勤快</u>，人也很善良，虽然小小年纪但非常懂事，高家的人都很喜欢她，特别是高老爷的三孙子觉慧非常喜欢她。觉慧和鸣凤年龄差

不多大，他们相爱了。可在那个时候，一个少爷当然不能娶一个女佣。这两颗年轻的心非常迷茫、痛苦，他们想不出一个办法来结合。就在这个时候，高老爷的朋友冯乐山看上了鸣凤，冯乐山已经七十多岁了，他十分残酷和虚伪。冯乐山是这个城市孔子道德研究学会的会长，表面上看非常严肃，可是心里很肮脏，他要娶鸣凤做姨太太。高老爷为了讨好冯乐山，决定把鸣凤当作礼物送给他。

知道了这个消息以后鸣凤像听到了晴天霹雳，她痛苦得昏了过去。在那个时候，女佣就是奴隶，她没有任何能力反抗悲惨的命运。她曾经想请求觉慧帮助她，可是觉慧非常忙，他不知道鸣凤遇到了危险，没有在她危急的时候救助她。鸣凤没有办法解救自己，又没有能力逃脱悲剧的命运，这个美丽而又勇敢的少女决定不嫁给罪恶的冯乐山，她决心用她的死来向这个罪恶的社会抗议、用她的死来表示她对爱情的忠诚和坚贞。在那个难忘的、黑暗的夜里，她向自己的爱人作了最后的告别，在静静的湖水里结束了自己年轻的生命……

知道了鸣凤的消息以后，觉慧痛苦得几乎死去。他开始痛恨虚伪的封建礼教、痛恨罪恶的冯乐山、痛恨爷爷和这个害死鸣凤的封建制度和吃人的社会，痛恨这个虚伪的家。

高家的大孙子觉新和他妻子感情十分好。他是高家最听话的人，不管遇到什么事他总是首先牺牲自己去照顾别人。尽管如此，他仍然要受到种种委屈。觉新年轻的时候爱上了自己的表妹，可是他家里不同意他们结婚而给他娶了另一个女人。结婚以后他开始爱自己的妻子，夫妻感情很好，但是他仍然爱自己年轻时的恋人梅表妹，他的心里<u>负疚</u>又痛苦。同时爱着两个人，就像一颗心被撕成两半，时时都在流着血。

觉新有了一个可爱的儿子，是高家的第四代。高老爷喜欢多子多孙。觉新的妻子又要生第二个孩子了。可就在这时，高老爷病了，他病得越来越厉害，吃药没效，他们采用各种各样<u>迷信</u>的办法治病也无效，他终于死了。这时，离觉新的妻子生孩子的日期越来越近了，家里的其他长辈忽然说她如果在家里生孩子会对死人和家里的人都不<u>吉利</u>。他们逼觉新的妻子搬到城外很远的乡下去生孩子。在乡下，由于医药条件不好，他妻子遇到了<u>难产</u>，病故了。

梅表妹也病死了。这个家庭借着传统和礼教的名义害死了一个又一个年轻美丽的生命。长辈们在不断地给年轻人包办着婚姻，逼迫女孩子裹小脚。觉新最后对这个家庭感到<u>绝望</u>，他也自杀了。看到这使人心碎的一幕幕悲剧的发生，觉慧彻底清醒了。他决心离开这个黑暗的家庭，反对旧的礼教和虚伪的道德传统，去追求自由，追求幸福和爱情。他发誓要用自己的奋斗去为年轻的一代开辟出一条崭新的、光明的道路。

根据巴金小说《家》故事改写

生 词
VOCABULARY

1.	相似	xiāngsì	resemble; be similar; be alike
2.	军阀	jūnfá	warlord
3.	保守	bǎoshǒu	conservative; old fashioned
4.	腐败	fǔbài	corrupt; corruption
5.	瓜分	guāfēn	dismember
6.	担忧	dānyōu	worry; be anxious
7.	告诫	gàojiè	warn; admonish; exhort

8. 浓妆艳抹	nóngzhuāngyànmǒ	heavily made up and overdressed
9. 女佣	nǚyōng	maid
10. 丫头	yātou	girl; young female servant
11. 勤快	qínkuài	diligent; hardworking
12. 相爱	xiāng'ài	love each other
13. 迷茫	mímáng	confused; perplexed; dazed
14. 肮脏	āngzāng	dirty
15. 奴隶	núlì	slave
16. 抗议	kàngyì	protest against
17. 坚贞	jiānzhēn	faithful; constant
18. 礼教	lǐjiào	the Confucian or feudal ethical code
19. 委屈	wěiqū	feel wronged; nurse a grievance
20. 负疚	fùjiù	feel apologetic; have a guilty conscience
21. 迷信	míxìn	superstitious
22. 难产	nánchǎn	difficult labor; dystocia
23. 绝望	juéwàng	give up all hope; despair
24. 发誓	fāshì	vow; pledge; swear

Exercise One: Remembering Detials

再次细读本文并指出下列句子提供的信息是对的（True）还是错的（False）。
如是错的，请改成正确的答案：

1. 托尔斯泰认为，幸福的家庭都一样，而不幸的家庭则永远不幸。（　　）

2. 因为高家非常贫穷，所以他们的生活过得很不幸福。（　　）

3. 这个故事发生在清朝，所以人们的思想很保守。（　　）

4. 高家上大学的孙子们关心国家大事，但老爷不让他们关心国家命运，他只要求晚辈好好读孔夫子的书。（　　）

5. 高家老爷要求晚辈很严格，可他自己年轻时并不遵守传统道德。（　　）

6. 高老爷喜欢鸣凤，他想娶鸣凤作姨太太。（　　）

7. 鸣凤没有办法保护自己，她最后只能自杀了。（　　）

8. 高家的大孙子也非常爱鸣凤，知道她自杀的消息，他的心里负疚又痛苦。（　　）

9. 觉新家里的长辈不让他太太在家里生孩子，最后他妻子搬到乡下生孩子，有病去世了。（　　）

10. 觉新看到自己家庭太黑暗，最后也自杀了。（　　）

Exercise Two: Analyzing Ideas

选择下面提供的哪种回答最接近文章提供的事实并完成句子：

1. 这个故事发生的中国四川省高家是一个_____。
   a. 封建的大家庭　　　　b. 贫穷的家庭　　　　c. 幸福的家庭

2. 高家的晚辈参加政治活动是因为_____。
   a. 遵守孔夫子教导　　　b. 担忧国家命运　　　c. 非常保守

3. 高家的晚辈不喜欢爷爷，因为他_____。
   a. 封建势力　　　　　　b. 非常保守　　　　　c. 年龄最大

4. 鸣凤的自杀是因为她_____。
   a. 非常懂事　　　　　　b. 相爱觉慧　　　　　c. 抗议社会

5. 鸣凤的死使觉慧_____。
   a. 痛恨社会和虚伪的家　b. 逃脱悲剧命运　　　c. 听到晴天霹雳

6. 高家的大孙子觉新年轻时爱上了_____。
   a. 梅表妹　　　　　　　b. 鸣凤　　　　　　　c. 自己的妻子

Exercise Three: Synonyms

根据上下文的意思，找出句子中的同义词：

1. 幸福的家庭总是<u>相似</u>的，而不幸的家庭却各有各的不幸。
   a. 非常像　　　　　　　b. 非常不像　　　　　c. 非常保守

2. 他虽然对晚辈要求严格，可他自己年轻时很<u>荒唐</u>。
   a. 严肃认真　　　　　　b. 奇怪、无理　　　　c. 愤怒难过

3. 这两颗年轻的心非常<u>迷茫</u>、痛苦，他们想不出办法来结合。
   a. 找不到出路　　　　　b. 不幸、贫穷　　　　c. 非常危险

4. 虽然觉新是高家最听话的人，可是他仍然要受到种种<u>委屈</u>。
   a. 被残酷地对待　　　　b. 被保守地对待　　　c. 被错误地对待

5. 他仍然爱着年轻时的恋人梅表妹，他的心里<u>负疚</u>又痛苦。
   a. 感到惭愧　　　　　　b. 感到骄傲　　　　　c. 感到谦虚

6. 觉新最后对这个家庭感到<u>绝望</u>，他也自杀了。
   a. 没有希望　　　　　　b. 绝对难过　　　　　c. 绝对愤怒

Exercise Four: Discussion Questions

1. 高老爷为什么不让他的孙子们参加政治活动和关心国家大事？他自己年轻的时候曾经荒唐，年老了为什么那么保守？

2. 鸣凤为什么要用死来抗议罪恶的社会？作者是怎样揭露封建传统道德的虚伪和罪恶的？

3. 觉新是一个什么样的人？他那么听话并几乎为家庭牺牲了一切，为什么也遭受了悲剧的命运？

4. 觉慧为什么要离开家？你觉得他能够成功吗？

小知识："七出"

中国传统封建社会对女子特别严酷。它要求女子从小就遵守各种各样的封建传统道德。除了遵守男人应该遵守的各种道德以外，女人还要遭受一些特别的折磨。比如它规定一个结了婚的女子如果犯了下面七条错误中的一条就会被从丈夫家赶出来：一、没生儿子；二、淫逸；三、不孝敬公婆；四、喜欢多说话；五、偷东西；六、嫉妒；七、生了难以治好的病。

（《仪礼·丧服》）

第十六课　传统·女儿经

孔子在两千年前提出过一个主张：君为臣纲，父为子纲，夫为妻纲。"纲"是指一件事的最重要的部分：那就是说大臣应该听皇帝的，儿子应该听父亲的，妻子呢，当然就应该听丈夫的了。孔子还说过一句很不好的话："唯女子与小人为难养（相处/伺候）也，近之则不逊，远之则怨。"他说女子和社会地位低的人都不太容易相处，因为他们的性格多变。由于孔子后来成了中国最伟大的思想家，孔子说过的话都被当成了真理，因此孔子上面的说法在中国历史上产生了很坏的影响。他只看到了女人性格中有缺点的一面，可是男人呢？男人就那么忠诚可信吗？！

中国传统社会对女子有很多不公平的要求，因为传统的中国是一个男人掌权的社会。自私的男人们要求女人服从他们，为他们服务并满足他们的需要。为了达到这一目的，他们制定了很多的法律和道德规范来控制和约束女子的行为。除了这些法律规范以外，他们还创造了一些不好的风俗习惯来折磨女人。其中最残酷和臭名昭著的就是逼女人缠小脚的习俗。

在中国的古代，男人们不愿意让女人们到社会上去抛头露面，他们希望女人都躲在家里为他们服务。他们特别怕女人去了解外面的世界和学习新的东西，他们怕女人有了知识以后就不会听他们的话，不愿意服从他们的统治了。为了阻止女人走向社会，统治阶级的男人们发明了让女人裹脚的坏风俗。他们宣扬女人的脚应该是女人身上最美的地方。什么样的脚最美呢？最小的脚最美。如果脚不够小就应该用人工的办法把它变小。就这样，一千年来，中国的男人社会强迫并鼓励女人伤害自己的身体，从小就把自己的脚通过一种特殊的手术方法包裹起来变得畸形，最后变成一种残废式的小脚。

女人的脚缠小了以后，走路变得很不方便，当然就没法到外边去，更不能参加各种各样的社会活动了，她们只能甘心待在家里给男人们当奴隶和玩物。而一些无耻的男人们却宣扬小脚的美，说它是中国文化的一个特点，真是可耻极了。

除了从肉体上折磨女性，从精神上统治阶级也摧残她们。他们为女人规定了一些特别的法律，如"三从四德""七出"等等，是专门用来束缚女性的。这些道德非常不合理，它们规定很多事情男人做是合理合法的，可是女人如果去做就是违法或违反道德。在中国古代社会，男女待遇极不平等。男人可以随便出去游玩，而女人则被要求"大门不出，二门不到"；男人可以娶姨太太，去找妓女，而女人不仅不能离婚或再婚，甚至不能真心地去爱一个人。旧式的道德认为一个女人谈到爱情是耻辱的。

因此，中国的封建社会给女人们一种特殊的教育，而教育她们的人就是这些卑鄙的坏男人。他们专门为女人写了教育她们的书如《女儿经》、《女孝经》、《烈女传》等等。用这些书来麻痹和毒害女性。一方面，统治阶级不想让女人读书识字，宣扬"女子无才便是德"；另一方面，他们又想让女人能读懂一点书来向她们灌输这些腐朽的思想。这些思想曾经毒害过很多女性，在几千年的封建社会里，很多善良的中国女性被旧道德迫害至死；也有很多女性因为读了这些坏书而受到欺骗，自觉地维护这些害人的道德，害了自己又害了别人……

在今天，中国的女性已经解放了，她们可以自由地学习，愉快地工作，更可以完全根据自己的愿望和自己所爱的人结婚，过幸福的生活。《女儿经》的时代已经成为了历史，然而今天她们的幸福是中国历史上无数女性用她们生命的代价换来的。今天幸福生活着的中国女性应该珍惜今天，了解昨天，为我们的生活创造更加美好的明天。

让我们永远埋葬《女儿经》的时代。永远！

生 词
VOCABULARY

1.	唯	wéi	only；alone
2.	养	yǎng	raise；deal with
3.	不逊	bùxùn	impolite；irrespect
4.	多变	duōbiàn	changeable；changeful
5.	真理	zhēnlǐ	truth
6.	掌权	zhǎngquán	be in power；wield power；exercise control
7.	自私	zìsī	selfish
8.	服从	fúcóng	obey；be subordinated to；submit（oneself）to
9.	规范	guīfàn	standard；norm
10.	折磨	zhémó	torment；cause physical or mental suffering
11.	臭名昭著	chòumíngzhāozhù	infamous
12.	缠	chán	wrap
13.	抛头露面	pāotóulòumiàn	（of a woman in feudal society）show one's face in public
14.	阻止	zǔzhǐ	stop；prevent；hold back
15.	手术	shǒushù	surgery
16.	畸形	jīxíng	deformity；malformation
17.	残废	cánfèi	disable；disability
18.	甘心	gānxīn	willingly；readily
19.	玩物	wánwù	plaything；toy

20.	宣扬	xuānyáng	publicize；propagate；advocate
21.	肉体	ròutǐ	the human body；flesh
22.	摧残	cuīcán	wreck；destroy；devastate
23.	束缚	shùfù	tie；bind up；fetter
24.	违法	wéifǎ	against law；illegal
25.	待遇	dàiyù	treatment
26.	妓女	jì'nǚ	prostitute；streetwalker
27.	卑鄙	bēibì	mean；contemptible；despicable
28.	烈女	liènǚ	women who die defendingtheir honor or follow husbands in death
29.	麻痹	mábì	paralysis；lower one's guard；benumb, lull；blunt
30.	毒害	dúhài	poison（one's mind）
31.	识字	shízì	know how to read
32.	灌输	guànshū	instillinto；inculcate；imbue with
33.	腐朽	fǔxiǔ	decayed；rotten
34.	迫害	pòhài	persecute；be subjected to persecution
35.	埋葬	máizàng	bury

Exercise One: Remembering Detials

再次细读本文并指出下列句子提供的信息是对的（*T*rue）还是错的（*F*alse）。如是错的，请改成正确的答案：

1. 孔夫子不喜欢女人是因为女人们的性格喜欢变化。（　　）

2. 孔夫子认为男人们的性格要比女人们好得多。（　　）

3. 因为传统的中国社会是一个男人掌权的社会，所以女人不愿意服从他们。（　　）

4. 中国古代，男人让女人裹小脚是为了便于她们抛头露面。（　　）

5. 男人用宣扬小脚美的方式鼓励女人裹小脚。（　　）

6. 中国古代"三从四德"等违反道德的主张让男女不平等。（　　）

7. 旧式的道德认为人们谈到爱情是耻辱的。（　　）

8. 《女儿经》在中国古代是最有意义的教育女性的书。（　　）

9. "女子无才便是德"的意思是说没有才能的女子是最聪明的。（　　）

10. 在今天，《女儿经》成了中国最重要的历史书。（　　）

Exercise Two: Analyzing Ideas

选择下面提供的哪种回答最接近文章提供的事实并完成句子：

1. 孔子是中国最伟大的思想家，他的话被人们当成_____。
   a. 真理　　　　　　　　b. 重要部分　　　　　　c. 影响
2. 中国社会对女子有很多不公平的要求是因为它是_____。
   a. 臭名昭著　　　　　　b. 男人掌权　　　　　　c. 女人服从
3. 古代中国男人不让女人抛头露面是因为_____。
   a. 小脚最美　　　　　　b. 怕女人学知识　　　　c. 躲在家里
4. "三从四德"和"七出"等是一些中国古代专门用来_____女性的不合理的法律。
   a. 违反　　　　　　　　b. 待遇　　　　　　　　c. 束缚
5. 传统的道德束缚女人不能谈爱情，而男人却可以_____。
   a. 大门不出，二门不到　b. 三从四德　　　　　　c. 为所欲为
6. 写《女儿经》的目的是_____。
   a. 让女人不识字　　　　b. 让女人听男人的话　　c. 让女人裹小脚

Exercise Three: Synonyms

根据上下文的意思，找出句子中的同义词：

1. 在中国古代，男人不愿意让女人们到社会上去<u>抛头露面</u>。
   a. 跟人打架　　　　　　b. 表现自己　　　　　　c. 保护面子
2. 他们通过一种特殊的方法把女人的脚变成一种<u>畸形</u>的样子。
   a. 好看的　　　　　　　b. 难看的　　　　　　　c. 奇怪的
3. 女人们不能出去了，她们只能<u>甘心</u>待在家里给男人当玩物。
   a. 高兴　　　　　　　　b. 阻止　　　　　　　　c. 愿意
4. 他们还专门制定"三从四德"等法律用来<u>束缚</u>女性。
   a. 控制　　　　　　　　b. 保护　　　　　　　　c. 待遇
5. 他们写了《女儿经》、《烈女传》等书来<u>麻痹</u>女性。
   a. 使……难过　　　　　b. 使……失去感觉　　　c. 使……高兴
6. 而一些无耻的男人却<u>宣扬</u>小脚的美，说它是中国文化的特点。
   a. 宣布、帮助　　　　　b. 通知、介绍　　　　　c. 宣传、表扬

Exercise Four: Discussion Questions

1. 孔子在两千年前为什么提出"君为臣纲，父为子纲，夫为妻纲"的主张？孔

子的思想对中国女性地位有哪些不好的影响？为什么？

2. 中国的统治阶级为什么要女人裹小脚？除了鼓励女人裹小脚，他们还用什么样的方法残害女人？

3. 谈谈"三从四德""七出"。那时候男人为什么不让女人出门，为什么不想让她们学到知识？

4.《女儿经》、《女孝经》、《烈女传》这样的书是谁写出来的？他们为什么要写这些书？谁在读这些书？这些书有用吗？

小知识：三姑六婆

由于中国古时候不准女人出门，所以大部分的女性都不能参加社会活动和工作。她们只能依靠丈夫来生活。因此，旧时代的女性必须完全听从丈夫的话，她们没有经济来源和知识来源。

在那个时候，只有一些特殊的女性或下层社会的女性参与一些社会活动，但由于她们的社会地位比较低，另外，因为她们中的一些人常常参与一些不正当的活动而不被社会信任或常常受到社会的批评。她们被称作"三姑六婆"即：尼姑、道姑、卦姑（算命的）；媒婆、牙婆（介绍买卖人口的）、师婆（女巫）、虔婆（开妓女院的）、药婆（用迷信的方式给人治病的）、稳婆（接生孩子的）。这些人由于身份特殊，她们经常参与到各类社会活动中去，她们有着丰富的社会知识。但她们往往参与一些不好的事情。过去有身份的人家拒绝年轻女人和她们来往。但由于她们知识丰富，在中国旧小说里很多女子喜欢从她们那儿得到知识或让她们传递消息。

第十七课　宋代·沈园故事

　　中国宋代有一个著名的大诗人，他的名字叫陆游。陆游是一位伟大的爱国诗人，他的性格很豪放。他一生中写了无数歌颂祖国的壮丽诗篇，可是很少有人知道他也是一个非常温柔婉约的歌颂爱情的诗人。陆游的诗以激情和壮烈闻名于世，可是他流淌着血泪的爱情诗一样让人读后永远难忘。陆游的爱情诗写得最多的是他对自己第一个妻子唐婉的爱。这是一个让人读来充满遗憾和痛苦的不幸的悲剧故事。

　　在少年时代陆游就是一个出名的才子，他很早就中了进士，有着让别人羡慕的前途。1124年他二十岁的时候与舅舅的女儿唐婉结了婚。唐婉是个美丽颖慧的姑娘，她从小就读过很多书，能诗会画，还精通音乐。结婚以后，他们夫妻感情非常好。他们每天讨论学问与诗歌，一起演奏乐器，像是一对知心的好朋友，一刻也不愿意分离。

　　陆游的母亲看到儿子和媳妇感情这么好，她心里很不高兴。她认为，女子无才便是德，读书识字是男人的事，女人的任务是管理家务，打扫房间，照顾好家庭就可以了。女人读了书，懂得事情多了就会自以为聪明，不听长辈的话了。此外，看到儿子这么喜欢唐婉，她担心儿子迷恋媳妇而不再求功名富贵和做大官，因此母亲对他们很冷淡。可是，沉浸在爱情幸福里的陆游和唐婉没有注意到母亲的不快的感觉。就这样，母亲由不满意变得嫉妒，由嫉妒变得生气，由生气变得不能容忍，最后她终于做了一个可怕的决定：逼陆游和唐婉离婚。在那个时候，母亲的话就是法律，没有任何人能够改变。他们结婚仅仅三年，这对恩爱的夫妻就这样被母亲残酷地拆散了。这一次分手就是生离死别，泪眼相对，再会无期，这对苦命的恋人只能把一生的幸福埋葬在美好的回忆里，把那迷离的梦境都寄托给了那逝去了的生死歌哭……

又过了十一年。一个春天，陆游到当地的一个著名的花园沈园游春，在那儿忽然觉得眼前一亮，一种彻骨的思念和痛袭上了他的心头：他看到了唐婉。别离了十一年，唐婉消瘦了，但依然是那么光彩照人。

"是你么？"陆游默默地祈问着。他多想再次走到自己的爱人身边！可是他不能够。这时候，母亲早已又逼他结了婚，而唐婉家人也逼她又嫁给了别人。他只能远远地凝望着自己的爱人，远远地……

细心的唐婉也发现了他。就这么远远地互相凝望着。相遇而不能相见，相视而不能相会，人生还有比这更痛苦的么！就这样，他们两人又一次擦肩而过了。陆游见到了唐婉，百感交集，一时诗思袭来，拿起笔在沈园的墙上写了一首看了使人泪下的词《钗头凤》：

> 红酥手，黄縢酒，满城春色宫墙柳。东风恶，欢情薄，一怀愁绪，几年离索。错，错，错。　　春如旧，人空瘦，泪痕红浥鲛绡透。桃花落，闲池阁。山盟虽在，锦书难托。莫，莫，莫。

据说后来唐婉看到了这首词，她痛苦万分。她也和着泪写了一首词回答陆游对她的爱。这次的相遇给他们两人的心头刻上了永恒的刻痕，直到死那一天，陆游都没能忘记这一刻，他一生写了无数的诗来缅怀这令他感到悲喜交集的情景。而这次相遇对唐婉更是致命的：这个柔婉的女子再次见到陆游以后，她不能忘怀对他的爱，从此抑郁寡欢，不久就泪尽而逝。

此后的五十多年里，陆游写了无数的诗来怀念唐婉。特别是在他的晚年，更是写了无数读了使人肝肠寸断的血泪诗篇。他六十八岁时曾经去过沈园，这时沈园已经衰落了，它被辗转卖给了三个主人，陆游在墙上还依稀看到了自己当年写的词，读到它，他不禁流泪了。在七十五岁那年，他又回到了沈园，这时的沈园已经不再美丽，到处是一片飘零的景象，看到这些，他想起这儿曾经是多么美

丽，自己又是如何在这儿遇到自己的爱人，他不由又一次百感交集，
写下了著名的怀念唐婉的诗《沈园二首》。

　　陆游在他临死前一年即八十四岁那一年还最后写了悼念唐婉的
《春游》诗表达了他对爱人终生的思念。

　　陆游和唐婉的爱情悲剧是家长制和封建社会对女子残害的悲剧，
他们的诗词是对传统道德和"三从四德"的批判和控诉。千百年过
去了，相爱的人的互相呼唤都变成了浩渺的离歌，但是陆游用他美
丽而凄婉的诗笔给我们留下了一个使人难以忘怀的故事，让我们永
远纪念着这一对生生死死永远眷念着的永恒的恋人。

根据周密《齐东野语》故事改写

生　词
VOCABULARY

1.	豪放	háofàng	bold and unconstrained
2.	壮丽	zhuànglì	majestic; magnificent
3.	婉约	wǎnyuē	smooth and courteous (of speech); restrained; plaintive (of poetry)
4.	激情	jīqíng	passion; enthusiasm; fervor
5.	壮烈	zhuàngliè	heroic; brave
6.	闻名于世	wénmíngyúshì	well - known; famous
7.	遗憾	yíhàn	regret; pity
8.	才子	cáizǐ	gifted scholar; genius
9.	进士	jìshì	successful candidate in highest imperial examination
10.	颖慧	yǐnghuì	bright; intelligent
11.	精通	jīngtōng	be proficientin; master
12.	演奏	yǎnzòu	perform; performance
13.	打扫	dǎsǎo	sweep; clean
14.	迷恋	míliàn	be enamored with

15. 冷淡	lěngdàn	cheerless; desolate; cold; indifferent
16. 沉浸	chénjìn	immerse; steep
17. 不快	búkuài	unhappy; unpleasant
18. 容忍	róngrěn	tolerant; condone
19. 恩爱	ēn'ài	affection; love
20. 拆散	chāisàn	separate; divide
21. 迷离	mílí	blurred; misted
22. 游春	yóuchūn	tour of spring; trip of celebratingof spring
23. 彻骨	chègǔ	to the bone
24. 袭	xí	make a surprise attack on
25. 依然	yīrán	still; as well
26. 凝望	níngwàng	stare on; fix gaze at
27. 擦肩而过	cājiānérguò	miss each other pitifully
28. 百感交集	bǎigǎnjiāojí	all sorts of feelings well up in one's heart
29. 诗思	shīsī	poetic feeling; inspiration of poem
30. 刻痕	kèhén	the mark of cut; the mark of hurt
31. 缅怀	miǎnhuái	cherish memory of
32. 悲喜交集	bēixǐjiāojí	grief and joy mixed together
33. 致命	zhìmìng	fatal; mortal; deadly
34. 柔婉	róuwǎn	gentle and thin
35. 抑郁寡欢	yìyùguǎhuān	depressed; despondent; gloomy
36. 肝肠寸断	gānchángcùnduàn	be heart – broken
37. 衰落	shuāiluò	decline; go downhill
38. 辗转	zhǎnzhuǎn	pass through many hands/places; toss about
39. 依稀	yīxī	vague; dim
40. 不禁	bùjìn	can't help (doing sth.)
41. 飘零	piāolíng	drift about alone; fade and fall (of leaves)
42. 浩渺	hàomiǎo	vast (of watery expanse)
43. 凄婉	qīwǎn	sad and mild; sadly moving
44. 眷念	juàn'niàn	think fondly of

Exercise One: Remembering Detials

再次细读本文并指出下列句子提供的信息是对的（*True*）还是错的（*False*）。如是错的，请改成正确的答案：

1. 陆游是中国古代专门写爱情诗歌的一个著名诗人。（　　）
2. 陆游写的爱情诗和他写的爱国诗篇一样有名。（　　）
3. 陆游小时候非聪明，他很早就当了大官。（　　）
4. 陆游的母亲认为女子无才便是德，所以陆游的妻子不识字。（　　）
5. 因为陆游和他妻子的感情很好，他的母亲变得又嫉妒又生气。（　　）
6. 陆游的母亲逼陆游和妻子离婚，离婚后他妻子就死了。（　　）
7. 陆游离婚十一年后，又和唐婉结了婚。（　　）
8. 唐婉非常想念陆游，她写了《沈园二首》来怀念陆游。（　　）
9. 沈园是陆游的家，他在那儿度过了他的童年时代。（　　）
10. 陆游的家衰落了，最后只好把沈园卖给了三家人。（　　）

Exercise Two: Analyzing Ideas

选择下面提供的哪种回答最接近文章提供的事实并完成句子：

1. 陆游是中国历史上最著名的一个_____。
   a. 爱情诗人　　　　　b. 爱国诗人　　　　　c. 悲剧诗人
2. 在少年时代，陆游十分聪明，他是一个出名的_____。
   a. 进士　　　　　　　b. 才子　　　　　　　c. 诗人
3. 陆游的母亲对唐婉很不满意，她认为，女人不应该_____。
   a. 读书识字　　　　　b. 管理家务　　　　　c. 无才便是德
4. 虽然母亲很不高兴，可是陆游和唐婉_____。
   a. 很不在乎　　　　　b. 非常冷淡　　　　　c. 没有注意
5. 十一年后，陆游在沈园游春，他觉得_____：他看到了唐婉。
   a. 光彩照人　　　　　b. 眼前一亮　　　　　c. 擦肩而过
6. 唐婉看到陆游的诗词后也写了一首诗回答他，不久她就_____。
   a. 悲喜交集　　　　　b. 去世了　　　　　　c. 痛苦万分

Exercise Three: Synonyms

根据上下文的意思，找出句子中的同义词：

1. 在少年时代陆游就是一个出名的才子，很早就考上了进士。
   a. 有才华的人　　　　b. 有本领的人　　　　c. 有福气的人

2. 她从小就读过很多书，能诗会画，还**精通**音乐。
　　a. 非常懂　　　　　　b. 非常聪明　　　　　c. 非常喜欢

3. 陆游的妈妈担心陆游太**迷恋**媳妇而不再求功名富贵做大官。
　　a. 羡慕　　　　　　　b. 嫉妒　　　　　　　c. 热爱

4. 沉浸在幸福里的陆游和唐婉没有注意到母亲**不快**的感觉。
　　a. 容忍　　　　　　　b. 渐渐　　　　　　　c. 不高兴

5. 别离了十一年，唐婉消瘦了，**但依然**是那么光彩照人。
　　a. 还是　　　　　　　b. 然而　　　　　　　c. 忽然

6. 陆游还在墙上**依稀**看见了自己几十年前写的诗词。
　　a. 痛苦地　　　　　　b. 明白地　　　　　　c. 不清楚地

7. 人们永远纪念着这一对生生死死永远**眷念**着的永恒的恋人。
　　a. 长久的纪念　　　　b. 深深的思念　　　　c. 痛苦的想念

Exercise Four: Discussion Questions

1. 陆游的母亲为什么不喜欢唐婉？她为什么要逼他们离婚？

2. 陆游为什么终生不能忘记对唐婉的爱？他是怎样描写自己对她的爱情的？

3. 陆游和唐婉的诗词中，都表现了对家长制的控诉和对自己生命的遗憾，他们能不能不听家长的话、不离婚？为什么？

附：

钗头凤

唐 婉

　　世情薄，人情恶，雨送黄昏花易落。晓风干，泪痕残，欲笺心事，独语斜栏。难，难，难。　　人成各，今非昨，病魂常似秋千索。角声寒，夜阑珊。怕人寻问，咽泪装欢。瞒，瞒，瞒。

沈园二首

陆 游

　　城上斜阳画角哀，沈园非复旧池台。
　　伤心桥下春波绿，曾是惊鸿照影来。

　　梦断香销四十年，沈园柳老不吹绵。
　　此身行作稽山土，犹吊遗踪一泫然！

第十八课　中国的"小皇帝"

　　大家都知道，从 1911 年中国就推翻了皇帝制度。但是到了 1980 年代，中国又出现了"皇帝"这个词。是被推翻的皇帝重新回来了吗？不是。这儿所说的皇帝是指中国家庭的独生子女。

　　中国是世界上人口最多的国家，而且每年人口都在增加。据统计，仅仅中国每年增加的人口就大约等于澳大利亚全国的人口！由于人口问题严重，带来了中国现代社会一系列的问题。比如说住房问题、教育问题、就业问题以及社会治安问题等等。中国政府早在七十年代就看到了这些问题，所以从七十年代末就开始提倡并推行计划生育制度，规定一对夫妇只能生一个孩子。没想到，到了八十年代，这些孩子开始上学和走向社会，却带来了很多的社会问题。由于一家只能有一个孩子，这个孩子在家里的地位当然就相当重要，家里的长辈当然也就相当疼爱他们。有人做过统计，很多独生子女在家里受到了过分的宠爱甚至溺爱，其原因在于因为孩子少，长辈多，每个长辈都在用他自己的方式去疼爱孩子；孩子年龄小，还没有判断能力，长辈对他们的爱造成了他们的优越感。他们开始慢慢地不尊重长辈，为所欲为，养成了任性等坏习惯，渐渐地变成了小皇帝。

　　这些小皇帝性格一般表现在他们比较自私、骄傲、不能吃苦，不愿意听从别人的劝告等等。这样发展下去，进了学校他们会变得不愿意和别人团结，在社会上工作时则不能很好地与别人合作。有人预言，今后这将会成为一个严重的社会问题。社会学家做过调查，有很多独生子女在家里有爸爸妈妈关心他们，此外还有爷爷奶奶、外公外婆四位老人在疼爱着他们。一个孩子六个大人，成了一个倒立着的金字塔尖。孩子成了家里的主角，事事当然围着他转了。此外，独生子女没有兄弟姐妹，他们不知道怎样和别人相处相让，遇事总是以自己为中心，长大以后自然就缺乏合作精神了。

直到今天，中国独生子女的家长们仍然愿意给自己的儿子照一张"小皇帝"的照片

　　长辈为什么这么溺爱孩子呢？第一个原因当然和中国的文化传统有关，长辈们当然喜欢多子多孙，如果他们只能有一个，这一个他们一定会更加珍爱。第二个原因与中国的社会政治有关。现代独生子女的父母亲差不多都出生于五十年代，那个时候中国的政治运动多，经济情况也不好，他们大都没有一个幸福的童年。等到他们做了父母，各方面的情况都比以前好多了，他们想好好地疼爱自己的孩子让他们的童年过得幸福来补偿自己童年的遗憾。这就造成了他们溺爱孩子的心理基础。

　　虽然长辈是那样地溺爱独生子女，可是这些孩子们并不幸福。因为过多的溺爱变成了过多的要求，甚至变成了负担。比如说，有很多的长辈希望自己的孩子成为天才，从小就教他们学钢琴、学画画、学外语，不让他们有自由的时间去玩。孩子们变成了笼子里的鸟。他们虽然受到了过多的溺爱，可是他们没有真正的童年。

最可笑的是当学校劳动时，孩子们都不会干活儿，家长都抢着帮孩子干，连<u>白发苍苍</u>的爷爷奶奶都忙着替孙子孙女劳动，搞得老师真是哭笑不得……

中国的小皇帝问题到底怎么解决呢？大家都在努力地寻找着办法。

生　词
VOCABULARY

1.	一系列	yīxìliè	a series of
2.	治安	zhì'ān	public order; security
3.	宠爱	chǒng'ài	dote on
4.	判断	pànduàn	judge; determine; judgement
5.	优越感	yōuyuègǎn	superiority complex
6.	任性	rènxìng	willful; headstrong
7.	预言	yùyán	prophesize; predict; foretell; prophecy; prediction
8.	社会学家	shèhuìxuéjiā	sociologist
9.	倒立	dàolì	stand upside down
10.	主角	zhǔjué	leading role; lead; protagonist
11.	缺乏	quēfá	be short of; lack
12.	补偿	bǔcháng	compensate; make up
13.	心理	xīnlǐ	psychology; mentality
14.	基础	jīchǔ	base; foundation; basic; fundamental
15.	负担	fùdān	bear; shoulder; burden; load; encumbrance
16.	天才	tiāncái	genius; talent; gift
17.	钢琴	gāngqín	piano
18.	笼子	lóngzi	cage; large box; chest; trunk
19.	白发苍苍	báifàcāngcāng	white – gray – haired

Exercise One: Remembering Detials

再次细读本文并指出下列句子提供的信息是对的（*True*）还是错的（*False*）。

如是错的，请改成正确的答案：

1. 因为独生子女的性格不好，他们被人看成"小皇帝"。（　　）

2. 中国的"小皇帝"的人口数量和澳大利亚全国的人口一样多。（　　）

3. 八十年代以后，独生子女问题变成了中国的一个很大的社会问题。（　　）

4. 由于长辈太多，独生子女开始不尊敬他们的长辈。（　　）

5. 社会学家认为，如果独生子女有兄弟姐妹，他们也许会学会怎样和别人相处相让。（　　）

6. 独生子女的父母们往往因为自己的童年不幸福，就把他们的希望寄托在孩子们的身上。（　　）

7. 因为长辈们十分疼爱他们，独生子女们非常幸福。（　　）

8. 独生子女大部分是天才，因为他们会钢琴、画画、外语。（　　）

9. 独生子女的家长帮助孩子们劳动，老师们很高兴。（　　）

Exercise Two: Analyzing Ideas

选择下面提供的哪种回答最接近文章提供的事实并完成句子：

1. 到了＿＿＿＿＿年代，人们发现独生子女问题成了一个社会问题。

　　a. 一九一一　　　　　b. 七十年代末　　　　c. 八十年代

2. 独生子女在家里受到过分宠爱的原因是＿＿＿＿＿。

　　a. 年龄小　　　　　　b. 为所欲为　　　　　c. 孩子少

3. 由于受到溺爱，有的独生子女变得很＿＿＿＿＿。

　　a. 自私　　　　　　　b. 主角　　　　　　　c. 优越感

4. 独生子女受到溺爱与中国文化传统有关，中国人喜欢＿＿＿＿＿。

　　a. 合作精神　　　　　b. 政治运动　　　　　c. 多子多孙

5. 由于长辈们对孩子过多的要求，孩子们的童年＿＿＿＿＿。

　　a. 并不幸福　　　　　b. 过多的溺爱　　　　c. 成为天才

Exercise Three: Synonyms

根据上下文的意思，找出句子中的同义词：

1. 由于人口问题严重，带来了中国社会一系列的问题。

　　a. 很大的　　　　　　b. 一个接一个的　　　c. 很严重的

2. 孩子的年龄太小，长辈对他们过多的爱造成了他们的优越感。

　　a. 觉得自己幸福　　　　b. 觉得长辈笨　　　　c. 觉得自己比别人好

3. 他们开始为所欲为，慢慢养成了<u>任性</u>等坏习惯。

　　a. 羡慕　　　　　　　　b. 嫉妒　　　　　　　c. 不听话

4. 有人<u>预言</u>，今后这将会是一个严重的社会问题。

　　a. 预防说话　　　　　　b. 提前说明　　　　　c. 预备发言

5. 他们想好好疼爱自己的孩子来<u>补偿</u>自己童年的遗憾。

　　a. 报答感谢　　　　　　b. 补充修理　　　　　c. 修补归还

Exercise Four: Discussion Questions

1. 中国人为什么把独生子女叫做"小皇帝"？你认为这种称呼对不对？

2. 中国政府为什么要提倡计划生育政策？你认为这个政策怎么样？请找一个中国人和他/她谈谈这个问题，问一下他们的想法。

3. 独生子女带来了哪些社会问题？你认为这些问题好解决吗？

4. 长辈们是怎样对待独生子女的？他们的方法对吗？独生子女幸福吗？为什么说他们也没有童年？

5. 你是独生子女吗？你认识中国的独生子女吗？你认为这篇文章上说的问题在美国存在吗？

第十九课　"抢孙子"的风波

2001年7月的一个上午，在北京市西城区的一个法庭里，忽然传来了很激烈的吵闹声，吵闹声里还有一个孩子吓得在哭喊的声音。

人们只见一个老人抱着一个孩子慌慌张张地往外跑，后面一个警察在追，警察后面是一大群人在大喊。而被抱着的孩子则在放声大哭："我要爸爸，不要跟妈妈！"

这是怎么一回事呢？在庄严的法庭里怎么会出现这样的情况呢？

童童的姨妈在拉住童童的爷爷。

原来，法庭正在处理一个非常奇怪的抢孙子的案件。两年前，童童的爸爸妈妈离婚了。当时法院把四岁的童童判给了妈妈抚养。可是妈妈没有领养他，童童因此就只好一直在爷爷家里生活。爷爷家里的人都很爱他，奶奶、叔叔也都非常疼爱他。

童童的爷爷拼老命拦在车前

可是，在这两年中，童童的爸爸妈妈还在争夺童童。童童在爷爷家生活有了感情，不愿意离开。最后妈妈告上了法庭。法庭认为应该先把孩子带到法庭来看看孩子的情况再讨论作决定，并许诺决不让童童哭着走。

没想到，孩子刚刚来到法庭，他的外公就抢上前去，抱着童童就跑，于是出现了我们上面看到的一幕。

外公抢走了童童，爷爷当然不同意。这时童童的爷爷和叔叔紧紧追赶，而外公却把童童抱上了早已停在法院门口的一辆军车，并关上车门准备开走。这时童童的爷爷着急了，他冲上去拦在车前说："这是我的孙子，你们凭什么抢走？要想抢走孩子，先从我身上轧过去！"童童的叔叔这时候则拦在车后面。童童的姨妈这时跑上来猛拉童童爷爷，她说："孩子本来就是我们的。你们凭什么拦车！"童童的外公这时则在车里紧紧抓住童童，死活不放手。童童被那么多人打闹争抢，吓得脸色蜡黄。

双方争夺童童互不相让，拉拉扯扯，在法院门口堵塞了交通。他们争执了半个多小时，后来在法院帮助下，童童被外公带走。

为了抢孙子，父母两家闹上了法庭，而且几乎打了起来。伤害了大家的感情、特别是严重伤害了孩子的感情，同时也违反了交通秩序和公共道德。这到底是为什么呢！是应该好好地想一想了。

在场围观的群众议论说："这个孩子真可怜。为什么不问问他愿意跟谁走？"

根据《北京日报》2001.7.27 报道改写

生 词
VOCABULARY

1.	吵闹	chǎonào	wrangle; kick up a row; din; hubbub
2.	警察	jǐngchá	policeman
3.	案件	ànjiàn	case（of law/etc.）
4.	判	pàn	judge; decide; sentence; condemn
5.	抚养	fǔyǎng	foster; raise; bring up
6.	疼爱	téng'ài	love dearly
7.	告	gào	sue; accuse
8.	许诺	xǔ'nuò	promise

9. 一幕	yīmù	scene; description of an incident, or of part of a person's life
10. 军车	jūnchē	military vehicle
11. 拦	lán	bar; block; hold back
12. 凭什么	píngshénmo	rely/depend on（what）
13. 轧	yà	crush; run/roll over
14. 猛	měng	fierce; valiant; fearsome; severe; suddenly; abruptly
15. 蜡黄	làhuáng	wax yellow; waxen; sallow
16. 堵塞	dǔsè	block up
17. 争执	zhēngzhí	argue opinionatedly
18. 违反	wéifǎn	violate; transgress; infringe
19. 围观	wéiguān	surround and watch
20. 群众	qúnzhòng	the masses/people

Exercise One: Remembering Detials

再次细读本文并指出下列句子提供的信息是对的（*T*rue）还是错的（*F*alse）。如是错的，请改成正确的答案：

1. 童童的爷爷抢童童，但童童愿意到外公家去。（　　）

2. 童童的爸爸妈妈刚刚离婚，他们都不想要童童。（　　）

3. 童童后来住在爷爷家，和爷爷一家人有很深的感情。（　　）

4. 法庭保证他们不会让童童哭着走，可是他们没有做到。（　　）

5. 童童外公家里开着军车来抢童童。（　　）

6. 童童看到很多长辈来抢他，觉得很有意思。（　　）

7. 在法院的帮助下，爷爷最后终于把童童带走了。（　　）

8. 人们认为，童童的外公和爷爷两家在街上打闹是影响社会和不道德的行为。
　（　　）

9. 很多人认为不应该由长辈而应该由童童自己决定跟谁走。（　　）

Exercise Two: Analyzing Ideas

选择下面提供的哪种回答最接近文章提供的事实并完成句子：

1. 2001 年七月的一个上午，法庭的吵闹是因为一件＿＿＿＿＿＿的案子引起的。

　　a. 离婚　　　　　　　b. 打架　　　　　　　c. 抢孩子

2. 这样的案子在中国是一个＿＿＿＿＿＿的案件。

　　a. 经常发生　　　　　b. 非常奇怪　　　　　C. 有时候发生

3. 在这个案子中，童童跟＿＿＿＿＿＿最有感情。

　　a. 爸爸妈妈　　　　　b. 爷爷奶奶　　　　　c. 外公

4. 法庭认为这个案子应该＿＿＿＿＿＿来讨论决定。

　　a. 按父母的要求　　　b. 按爷爷的要求　　　c. 按孩子的情况

5. 外公抢走了童童，他爷爷没办法，只好＿＿＿＿＿＿。

　　a. 脸色蜡黄　　　　　b. 拼命拦车　　　　　c. 告上法庭

6. 童童这个可怜的孩子最后被＿＿＿＿＿＿带走了。

　　a. 警察　　　　　　　b. 爷爷　　　　　　　c. 外公

Exercise Three: Synonyms

根据上下文的意思，找出句子中的同义词：

1. 法院当时决定让妈妈来<u>抚养</u>四岁的童童。

　　a. 帮助　　　　　　　b. 保护教养　　　　　c. 教育

2. 法庭同意要根据情况认真处理，并<u>许诺</u>决不让童童哭着走。

　　a. 批评　　　　　　　b. 答应　　　　　　　c. 允许

3. 他们<u>争执</u>了半个小时，最后在法院帮助下，才……。

　　a. 竞争　　　　　　　b. 讨论　　　　　　　c. 吵闹

4. ……，于是我们就<u>看到了</u>上面的<u>一幕</u>。

　　a. 见到了发生的事　　b. 去看了电视　　　　c. 去了电影院

Exercise Four: Discussion Questions

1. 为什么童童的爷爷一家和外公一家要"抢"他？

2. 法庭为什么最后让外公家把童童带走了？

3. 你觉得他们应该不应该问一下童童的意见？

4. 你认为童童应该让谁带走？为什么？

5. 在这样一场争吵中谁失败了？谁受到的伤害最大？为什么？

My Brother and I

One morning, In September four years ago, My Dad and Mon sent my brother to California for college. That time, I was a girl who had just begun her first year of high school. I needed my brother to help me with my new schoolwork. I needed his opinions as well. Because he had already finished high school, so he knew which teachers and courses were better. But most importantly, I needed him to be my chauffeur and drive the car to pick me up and drop me off at different palaces.

That Morning, I was not yet fully awake, my brother entered my room to say good-bye and good luck. My tears began to flaw from my eyes, but I did not want to let him see that I was crying so I responded quickly, "Goodbye." After he left, I covered my head with my blanket, crying extreme sadness. After they all left, only my dog and I were left in the house. I still had one more hour, and then I had to get ready and go to school by myself. That time when my brother left, I really was very upset, but I did not want to let my brother know that I was upset over him.

The relationship between my brother and I is very strange. We are really good friends, but we would never speak of boyfriend or girlfriend issues with each other, or other feelings we have in our hearts. For example, I would never let him see this essay about him. Strangely, we have never hugged each other before, even though it is not a big deal when I hug other boys. In my heart, I want to hug him, I want to show his this essay, but to the two of us, it really would be a very strange occurrence.

In front of him, I purposely treat him with much less respect than I actually have for him. But in my heart, I feel that he is a giant because he first tried many activities, so then I followed his footsteps by doing those activities he first tried. For example, he played sport, he played the piano, and so then I also played sports and played the piano. From I was little to now, he often forced me to play sports with him. Sometimes, I was scared to death, even cried, screaming loudly for my Mom and Dad to save me. But if he had not taught me in this fashion, I would not be as good at the things I can do pretty well now. As I wanted my brother grow older, in my heart I also want to be like him. So that day he went to college was the day my teacher/mentor left. I had to grow up by myself, trying new things by myself, and begin to become a big girl.

1. 这篇文章的作者和哥哥的感情好不好？她为什么不愿意表达出这种感情来呢？
2. 作者为什么不愿意和她的哥哥交流她自己的思想感情？
3. 作者是怎样写哥哥对她的爱护和帮助，自己是怎样感激自己的哥哥的？
4. 你有没有和作者一样的经历？请你谈谈你自己的经验。

预习提示:
Before You Started:

1. 你知道什么是科举制度吗？中国为什么发明了科举制度？科举制有哪些优点和缺点？
2. 你听说过跟科举有关的故事吗？你知道不知道西方古代是怎样选拔官员的？
3. 你觉得科举制合理吗？为什么？

第二十课　读书做官：中国的科举考试制度

　　几乎全世界都知道中国人是一个非常重视教育的民族。中国有着五千年的文化，中国文化有着很多**鲜明**的特色，其中最突出的一点是中国人对读书、受教育的**渴望**和对知识的尊重。不论在中国历史上的什么时代，读书都受到了社会的普遍赞美；不管一个人多么有钱有权，如果他不读书、没有知识，他也得不到社会的尊敬。

　　为什么中国人对读书、受教育有着一种那么深厚的特殊的感情呢？

　　早在两千多年以前，中国**杰出**的思想家和教育家孔夫子就极力主张**推行**教育。孔子认为通过教育可以使一个人得到知识，一个有知识而又有道德的人才可能成为一个**完美**的人，一个完美的人是一个"君子"。君子就是中国早期的知识分子。孔子认为一个国家的领导人应该是君子，除了有知识有道德以外，他还应该爱自己的人民，**信任**并团结其他的知识分子来为他的政府服务，一起使他的国家**富强**、人民幸福。

除了教育外，孔子还提倡孝敬长辈、尊重权威、服从社会秩序和**遵循**传统的社会道德；孔子还提出了"仁爱"和"中庸"的**伦理**主张，他的观点对**巩固**封建社会的统治和加强中国的皇帝制度很有帮助，因此受到了中国历代皇帝的欢迎和提倡。

作为一个思想家和教育家，孔子号召他的学生们努力学好知识，帮助社会和人民。孔子要求他的学生都应该成为读书人的**典范**和君子，他强调一个君子应该"<u>正心</u>，<u>明德</u>，<u>修身</u>，<u>齐家</u>，<u>治国</u>，<u>平天下</u>"，知识分子应该关心国家大事。孔子认为受教育是人生中最**高尚**、最重要的事，做任何别的工作都没有读书有意义。他曾说过："万般皆下品，唯有读书高"。他还说过："**耕**也，**馁**在其中矣；学也，**禄**在其中矣。"他认为读书的目的是为了获取知识，获取了知识以后当然是要为国家和政府服务、为了做官。这样，在后来，孔子的教育主张就被一般老百姓简单地理解成了"读书做官论"。

由于孔子的主张对封建统治有利，孔子的思想成了中国统治者思想的一部分，孔子的书成了中国读书人的"**圣经**"。后来，中国的皇帝为了更好地统治国家，他们开始**采用**了一种考试制度来选拔官员。这样的考试制度要求全中国的读书人都要读孔子的书，用孔子的书作为考试的标准，考试的内容和答案都必须在孔子的著作中寻找，通过了这种考试的读书人可以成为国家的官员，成为县、市、省甚至皇帝身边的高级官员。这种通过考试来选拔官员的方法被称作"**科举制**"，它对中国文化和中国的教育制度产生了极为深远的影响。

中国在唐朝以前就建立科举制度了。中国的科举制度在世界上是<u>**独一无二**</u>的。它规定，不管是什么人，不管你有没有钱，不管你有没有社会地位；<u>人不分贵贱，地不分南北</u>，只要你努力读书，都有可能通过参加考试而成为国家的官员。中国的科举制度曾经被西方的思想家认为是一种最**合理**的官员选拔制度，认为它真正做到了在考试面前人人平等。

由于政府不限制考试人的**资格**，这无疑会**有益于**在社会上选拔各种各样的人才；同时还可以有效地**避免**很多有钱有势的人通过不正当的手段来做官。在这样一种制度的鼓励下，中国历史上有无数优秀的知识分子刻苦读书，努力学习治国济民的本领。在他们的心中永远有着一个成功的美梦在召唤着他们："经得十年寒窗苦，一举成名天下知"。如果通过自己的刻苦学习就可以证明自己的价值，如果靠努力读书就可以命运亨通、耀祖光宗，作为一个读书人，哪怕是一个再穷的读书人，他为什么不可以靠自己的努力来翻身呢！事实上，在中国历史上就有着无数的这样的穷人翻身的神话。

"书中自有黄金屋，书中自有千钟粟，书中自有颜如玉。""洞房花烛夜，金榜题名时！"读书人曾经把通过科举考试赢得功名当作人生幸福的极至。为了这一天，即使把一生的力气用完，把泪眼望穿，把生命在漫漫企盼的长夜中耗尽，又有谁会说不值得！

就这样，在中国历史上，出现了无数由科举而成名的故事，也出现了因科举考试而引发的无数的悲喜剧、闹剧。为科举生，为科举死。它造就了无数的喜出望外，也促成了无尽的悲欢离合；缔结了多少海枯石烂的不朽约盟，又拆散了多少地久天长的死生契阔！人生就是为了这一搏，如果没有了这一搏，中国千百年来读书人的生命史中将缺少多少生动的故事，又将失去多少生命的亮色！

科举、读书做官是一个说不完道不尽的话题。它有很多优点，比如它在选取人才上的不拘一格，它所提倡的在考试面前人人平等的精神等都是在整个世界史上没有先例的创举。它为将近两千年的中国封建统治提供了无数优秀的官吏和政府管理人才。它也为中国古代社会杰出知识分子的大量形成和发展提供了积极的背景。

然而，科举制的缺点和问题也是显而易见的。科举考试有很多局限性，比如它选取人才时太看重考生对儒家文献的理解程度，它强调一切都必须以儒家的道德标准来衡量，"废黜百家，独尊儒术"，局限了当官的人的思想和思路。第二，科举考试着重考试古典而不重法律，不重民生经营，轻视经济，反对经商，轻视科学和技术。这些都为中国后来的落后埋下了种子。第三，科举考试强调文采、重文才知识而不重解决实际问题的能力。它造成了很多出色的文化人但并没有造就优秀的行政长官。这些教训也许是我们今天应该认真记取的。

孔子和他的最有名的 72 个学生的像。

江苏省南京市的夫子庙，是著名的祭孔圣地

南京市的贡院。它是明、清两代全国
最大的科举考场。

三人行，必有我师焉。

岁寒，然后知松柏之后凋也。

不义而富且贵，于我如浮云。

——孔子

生 词
VOCABULARY

1. 鲜明	鮮明	xiānmíng	（形）	清楚，明亮；bright；distinctive
2. 渴望	渴望	kěwàng	（动）	迫切的希望或盼望；desire
3. 杰出	杰出	jiéchū	（形）	超过一般的，出众的；distinguished
4. 推行	推行	tuīxíng	（动）	普遍的推广并实行；carry out
5. 完美	完美	wánměi	（形）	完全而且美好；perfect
6. 信任	信任	xìnrèn	（动）	相信并委托；trust
7. 富强	富強	fùqiáng	（形）	富有而且强大；prosperous and strong
8. 遵循	遵循	zūnxún	（动）	遵守并跟随；follow
9. 伦理	倫理	lúnlǐ	（名）	人和人相处时应该遵守的道德标准；ethics
10. 巩固	鞏固	gǒnggù	（动）	加强，使它坚固；consolidate；strengthen
11. 典范	典範	diǎnfàn	（名）	可以用作榜样和标准的人和物；modle
12. 高尚	高尚	gāoshàng	（形）	品德高贵；noble
13. 耕	耕	gēng	（动）	用工具翻开土地种地；plough，till
14. 馁	餒	něi	（形）	饥饿；缺乏勇气；hungry；disheartened
15. 禄	禄	lù	（名）	福，薪水；salary
16. 圣经	聖經	shèngjīng	（名）	儒家的经典；基督教的经典；bible；Holy Writ
17. 采用	採用	cǎiyòng	（动）	采取并使用；adopt

18.	科举制	科舉制	kējǔzhì	（名）	中国古代通过分科考试来选拔文武官员的制度 imperial examnation system
19.	独一无二	獨一無二	dúyīwúèr	（形）	unique; unrivalled; unmatched
20.	合理	合理	hélǐ	（形）	合乎道理；reasonable
21.	资格	資格	zīgé	（名）	作某种工作或参加某种活动应该具有的条件 qualification
22.	有益于	有益于	yǒuyìyú	（形）	对……有好处；be good at ...
23.	避免	避免	bìmiǎn	（动）	想办法不让某种情况发生；to avoid
24.	济	濟	jì	（动）	帮助；help
25.	命运亨通	命運亨通	mìngyùnhēngtōng	（形）	have a great fortune
26.	钟	鍾	zhōng	（量）	古代的度量地位,六石一斗为一钟；ancient measure word, approximate to 650 pounds
27.	粟	粟	sù	（名）	谷子,小米,泛指粮食；grain
28.	颜	顔	yán	（名）	脸,此处指好看的面容；fair face
29.	功名	功名	gōngmíng	（名）	功业和名声;考得科举称号或官职名位；scholaly honor or official rank
30.	极至	極至	jízhì	（形）	达到了尽头,最高的地方；extreme end
31.	企盼	企盼	qǐpàn	（动）	盼望；hope for; long for
32.	耗	耗	hào	（动）	用, 消费；consume; cost

33. 引发	引發	yǐnfā	(动)	引起；触发；cause；initiate
34. 闹剧	鬧劇	nàojù	(名)	滑稽可笑的事情；farce
35. 缔结	締結	dìjié	(动)	订立条约、联盟等；conclude；establish
36. 约盟	約盟	yuēméng	(名)	条约和联盟；treaty；contract
37. 拆散	拆散	chāisàn	(动)	使整体或整套的东西分散；使家庭或集体分散 separate；devide
38. 先例	先例	xiānlì	(名)	过去的例子；the previous example
39. 创举	創舉	chuàngjǔ	(名)	从来没有过的有重大意义的措施或行为；pioneering work
40. 衡量	衡量	héngliáng	(动)	用秤来称；对事物进行比较和评价；measure
41. 废黜	廢黜	fèichù	(动)	免去；取消；depose；dethrone
42. 术	術	shù	(名)	技巧，学科；skill；tactics
43. 着重	着重	zháozhòng	(动)	注意并看重；pay specific attention
44. 民生	民生	mínshēng	(名)	老百姓的生活；the people's livelihood；
45. 文采	文采	wéncǎi	(名)	在文艺方面有才华,用词很美丽 literary grace
46. 文才	文才	wéncái	(名)	在写作方面有才能的人；literary talents
47. 教训	教訓	jiàoxùn	(名)	从错误和失败中取得经验；to learn a lesson
48. 记取	記取	jìqǔ	(动)	记住(经验教训,别人的话等等)；to remember a lesson

习惯用语和特殊表达用语

正心，明德，修身，齐家，治国，平天下：这是中国儒家强调的一种人生理想和教育主张。它要求读书人要端正身心，明白道理，注重个人修养，团结好自己的家庭成员，帮助君王治理好国家，使天下太平。

耕也，馁在其中矣。学也，禄在其中也：［馁］饥饿，困顿。［禄］金钱，富贵。这是古时候孔子劝人读书的话。它的意思是说做一个农民会天生就挨饿，而做一个读书人则天生会发财，得到富贵。

万般皆下品，唯有读书高：做所有其他的事都是低级的，只有读书才是高尚的事。［般］量词，各种各样。［品］品种。［唯有］只有。

1. 有的中国古代的读书人非常骄傲，他们往往看不起别人。他们常常说万般皆下品，唯有读书高，只有读书人最聪明。
2. 今天，人们认为不管你做什么事情，只要你努力，都能成功。很少有人坚持过去那种"万般皆下品，唯有读书高"的想法了。

读书做官：读书的目的是为了做官。

1. 因为中国古代提倡读书做官，所以古代的读书人很受尊重。
2. 现在已经很少有人有读书做官的想法了。更多的人认为读书是为了增加知识。

独一无二：唯一的。没有其他可以跟它相同的或可以比较的。

1. 这儿的风景真漂亮！可以说它在全世界是独一无二的。
2. 有人说，黄山的美丽在中国是独一无二的。

人不分贵贱，地不分南北：人，不论是有钱还是无钱；地方，不管是在南边还是在北边。表示没有例外。

Topic ＋ 不管/不分/无论 ＋ Comparasion（question words as indifinate）
饭不管好坏，一定要让别人吃饱。
官员不分职务大小，全都得听皇帝的。

　　这些酒不管贵贱，我都不喜欢喝。

　　车无论新旧，价钱无论贵贱，我关心的是它的质量好不好。

1. 在抗日战争时期，全民动员，积极抗战。人不分贵贱，地不分南北，每个中国人都在尽自己的力量保卫祖国。

2. 美国是一个强调个人奋斗的国家。美国人认为人不分贵贱，地不分南北，只要你努力，只要你真的有才能，就都有可能成功。

经得十年寒窗苦，一举成名天下知：如果能够经历过很多年艰苦的读书生活，等到一下子成了名会被天下的人称赞和佩服。[经] 经历。[寒窗] 清苦的读书生活。[一举] 一次行动。

1. 在古代中国，经得十年寒窗苦，一举成名天下知是读书人世世代代的梦想。虽然有很多人一生都没有成名的希望，可他们还是没有休止地努力着。

2. 过去虽然人人都看不起他，没想到他经得十年寒窗苦，结果一举成名天下知，他终于成功了。现在他竟成了人们的榜样。

命运亨通：运气旺盛，事业发达。[亨] 顺利，通达。

1. 他这几年命运亨通，事业越来越红火，可是他为什么要出国呢？

2. 谁都想不到他这么一个命运亨通的人居然还有这么不愉快的一段经历。

书中自有黄金屋，书中自有千钟粟，书中自有颜如玉。[自] 当然。

1. 读书实际上是一件苦事。虽然差不多人人都知道书中自有黄金屋，书中自有千钟粟，书中自有颜如玉，可是真正考试通过科举的仍然只是少数人。

2. 那时候，谁不相信书中自有黄金屋，书中自有千钟粟，书中自有颜如玉呵！可是他读了一辈子书，却什么功名也没有。

洞房花烛夜，金榜题名时：[洞房] 结婚时的房子。[金榜] 公布科举考试通过人员名单的布告栏。用结婚和考试得到功名的幸福来比喻人生当中最值得高兴和自豪的事。

1. 洞房花烛夜，金榜题名时。你们看他今天多高兴呵！大家就多喝几杯吧。

2. 他终于考上他喜欢的那所大学了！洞房花烛夜，金榜题名时。今天我们大家一定要好好庆祝庆祝！

喜出望外：遇到意外的好事而特别高兴。[望] 希望。

1. 没想到在这么远的地方会见到他多年思念的老朋友，这真使他喜出望外，高兴得不知道说什么好了。

2. 没想到这次考得这么好，真是喜出望外，他竟然高兴得哭了出来。

悲欢离合：指一个人生活中各种各样的遭遇。

1. 他一生当中经历了无数的悲欢离合，到了晚年，生活才渐渐地平静下来了。

2. 人生中会遇到各种风风雨雨，悲欢离合，只要我们能保持一颗年轻而又欢乐
   的心，我相信没有克服不了的困难。

**海枯石烂：海水干了，石头风化了。形容经历了很长很长的世界。多用于发誓
    表示意志坚定，永不变心。**

1. 在各个国家的民间故事里都有着很多海枯石烂的爱情故事。

2. 他原来从不相信什么海枯石烂，可是从那以后，他再也不敢小看感情的力
   量。他开始深深地理解了那些为爱而生，为爱而死的人们。

地久天长：像天空那样永恒，像大地那样长久。

1. 虽然我就要离开你们回国了，但我会永远想念你们。愿我们的友谊地久天
   长！

2. 这本书告诉了我们一个友情地久天长的感人故事，我读了以后久久不能忘
   记。我希望你有时间也看看它，你会喜欢的。

**死生契阔（生离死别）：面临着生和死的交织的强烈情感。[契]感情和缘分的
    吻合。如：契合，默契，投契。[阔]久远的，长距离的。如：阔别。**

1. 他忽然惊呆了，分手了四十年，眼前站着的真是那个死生契阔、自己睡里梦
   里一直在思念着的阿哥吗？

2. 很多很多年过去了，岁月流转，死生契阔，海可以枯，石可以烂，可是这这
   一段感人的故事却没人能忘记。

说不完道不尽：很难表达完的内容。[道]说，表达。

1. 在很多国家的文化里，宗教是一个说不完道不尽的话题。

2. 这件事情对人们内心的影响是巨大的，它将会成为一个说不完道不尽的题目
   被人们永远谈论着。

不拘一格：不被任何规矩所限制。[拘]限制、局限。[格]规格，规矩。

1. 他做事从来都喜欢不拘一格，所以请你这次一定不要劝他，否则他会生气的。

2. 做事情不拘一格是有很多好处，可是有时候先知道一些起码的规矩也是必要
的。

显而易见：很容易看得出来的。[显] 明显。

1. 显而易见，他的这种想法是不对的。
2. 谁说这个观点显而易见？这本书我看了四遍了，我怎么没看到这个说法？

废黜百家　独尊儒术：[黜] 降职，罢免。这是中国汉代皇帝提出的一个口号。
　　意思是要放弃所有其他的学术观点而仅仅尊重孔子的儒家学说。

句型和词汇用法

● **渴望**

1. 虽然他渴望上大学，可是那时候他没有钱交学费。等到他有钱以后，他感到
他已经没有这种渴望了。
2. 他的心里带着这种渴望终于来到了美国，＿＿＿＿＿＿＿＿＿＿＿＿＿＿＿

＿＿＿＿＿＿＿＿＿＿＿＿＿＿＿＿＿＿＿＿＿＿＿。

3. 他虽然一直渴望＿＿＿＿＿＿＿＿＿＿＿＿＿＿＿＿＿＿＿＿＿＿＿＿＿＿

＿＿＿＿＿＿＿＿＿＿＿＿＿＿＿＿＿＿＿＿＿＿＿＿。

● **杰出**

1. 他小时候的老师告诉他要想成为一个杰出的人必须不怕吃苦，努力奋斗。二
十年以后，想到这些话他仍然觉得很有道理。
2. 这是一本很杰出的小说，＿＿＿＿＿＿＿＿＿＿＿＿＿＿＿＿＿＿＿＿＿＿

＿＿＿＿＿＿＿＿＿＿＿＿＿＿＿＿＿＿＿＿＿＿＿＿。

3. 经过了刻苦的努力，＿＿＿＿＿＿＿＿＿＿＿＿＿＿＿＿＿＿＿＿＿＿＿＿

＿＿＿＿＿＿＿＿＿＿＿＿＿＿＿＿＿＿＿＿＿＿＿＿。

● **推行**

1. 电话公司为了得到更多的顾客常常推行各种新的服务计划。
2. 这个政策自从推行以来＿＿＿＿＿＿＿＿＿＿＿＿＿＿＿＿＿＿＿＿＿＿＿

＿＿＿＿＿＿＿＿＿＿＿＿＿＿＿＿＿＿＿＿＿＿＿＿。

3. 虽然我们愿意推行这个方法，_____

_____。

● 遵循

1. 中国人喜欢遵循传统。有些人直到现在仍然认为找对象、结婚这样的事必须由父母作主。

2. 美国人做事不太遵循传统，_____

_____。

3. 难道你以为遵循父母说的话_____

_____？

● 巩固

1. 要想巩固自己学到的知识，最好的办法一是要经常复习，二是要尽量寻找机会使用它。

2. 为了巩固和男朋友的感情，她_____

_____。

3. 在中国学习了三年，他觉得自己的汉语知识已经很巩固了，可是_____

_____。

● 采用

1. 你准备采用什么样的方法来解决这个问题呢？

2. 他最后决定采用这个医生的建议，_____

_____。

3. 他虽然没有直接采用我的意见，_____

_____。

● 有益于

1. 他说每天喝牛奶有益于健康，可是有人说天天喝牛奶容易发胖。

2. 飞机票降价有益于_____，但

是_____。

3. 你觉得跑步真的有益于_____

_____？

● 避免

1. 避免跟老师打招呼的最好的办法是少到学校去，或是见到老师装作没看见。

2. 他总是避免到银行去_____

_____。

3. 你虽然不喜欢去医院_____

_____。

● 创举

1. 电脑的发明简直是一个创举，它为人类文明的进步作出了很多的贡献。

2. 二十世纪最伟大的创举_____

_____。

3. 这件事能算是创举吗？_____

_____。

● 教训

1. 你先别急着作结论，我们在这方面有过足够的教训。

2. 现在不是你教训人的时候，_____

_____。

3. 我已经把他教训了一顿，现在_____

_____。

练习

一、根据课文的内容回答下列问题：

1. 中国人为什么那么尊敬孔夫子？孔夫子的思想对中国人的文化和中国人的生活有什么影响？

2. 中国古代为什么赞美"君子"？你认为在今天什么样的人才是一个君子？

3. 中国的历代皇帝为什么欢迎和提倡孔夫子的看法？

4. 为什么科举考试要用孔子的书作为考试的标准？它对中国的文化和政治制度产生了什么样的影响？

5. 中国是从什么时候开始产生科举制度的？科举制度对考试人的身份和资格有什么要求？

6. 中国古代的读书人为什么把通过科举考试赢得功名当作人生幸福的极至？

7. 你读过关于中国古代科举考试方面的书吗？你听说过有关科举考试方面的故事吗？能不能给我们介绍一下？

8. 请你谈谈你对中国古代科举制的看法。

二、用下列的词造句子：

1. 鲜明：
2. 完美：
3. 信任：
4. 高尚：
5. 典范：
6. 资格：
7. 极至：
8. 衡量
9. 着重

三、找出下列每组词中的近义词或同义词：

> 鲜明　　　　鲜艳　　　　新鲜　　　　明确
> 杰出　　　　非凡　　　　美丽　　　　优秀
> 推行　　　　推动　　　　提倡　　　　行动
> 信任　　　　任务　　　　担任　　　　相信
> 遵循　　　　遵守　　　　跟随　　　　尊敬
> 典范　　　　古典　　　　模范　　　　榜样
> 采用　　　　采集　　　　使用　　　　应用
> 企盼　　　　企业　　　　盼望　　　　希望
> 着重　　　　注意　　　　注重　　　　重要

四、选词填空：（合理、推行、采用、冲突、资格、完美、教训、信任、高尚、渴望）

1. 看到别人用电脑做事那么方便，他非常＿＿＿＿＿＿自己也能早点学会使用它。

2. 中国＿＿＿＿＿＿计划生育政策差不多已经二十多年了。

3. 虽然我＿＿＿＿＿＿你，可是这些人都不认识你，我不知道他们是否愿意让你试一试。

4. 这篇小说写得真不错，可就是结尾不分写得有点不太＿＿＿＿＿＿。

5. 我不相信他会干这种事。他的人品很＿＿＿＿＿＿，从来不说谎、不食言，人人都尊敬他，他不可能做你说的那件事。

6. 丽丽提的那个建议很好，她一提出，马上就被_____了。

7. 他说这个政策有一些不_____的地方，应该先修改一下再宣布。

8. "在美国，当老师要通过_____考试吗?""那当然了!"

9. 为了_____发生冲突，大家都劝他先走一步，有什么话明天再接着谈吧。

10. 现在最重要的不是讨论怎样提出一个新的方案，而是要认真讨论一下如何记取这个_____。

五、用括号里的词改写句子：

1. 不管一个人多么有钱有权，如果他不读书、没有知识，他也得不到社会的尊敬。(即使……也……)

2. 不论在中国历史上的什么时代，读书都受到了社会的普遍赞美。(只要……就……)

3. 孔子认为一个国家的领导人应该是君子。他们除了应该有知识、有道德以外，还应该爱自己的人民，信任并团结其他的知识分子来为他的政府服务。(不但……而且……)

4. 除了教育外，孔子还提倡孝敬长辈、尊重权威、服从社会秩序和遵循传统的社会道德。(不仅…… 也……)

5. 人生就是为了这一搏，如果没有了这一搏，中国千百年来读书人的生命史中将缺少多少生动的故事，又将失去多少生命的亮色! (只要……就……)

6. 科举考试着重考试儒家经典而不重法律，不重民生经营，轻视经济，反对经商，轻视科学和技术。这些都为中国后来的落后埋下了种子。 (……因而……)

7. 科举考试强调文采、重文才知识而不重解决实际问题的能力。它造成了很多出色的文化人但并没有造就优秀的行政长官。 (虽然……可是……，因此……)

六、写作练习：

1. 用一句话来总结出课文中每一段的意思。

2. 用三句话来概括(summarize)出这篇课文的主要内容和观点。

3. 你读过有关科举考试制度的书吗? 你知道关于科举考试的故事吗? 请写一篇短文谈谈你的看法。

4. 你认为中国科举考试制度有什么优点和缺点? 它有哪些合理性? 为什么有人认为它值得称赞? 请说明。

5. 你认为应该不应该考试? (科举/SAT/GRE) 写一篇短文谈谈考试制度的合理性。

第二十一课　范进中举

在广东省有一个小城，城里有一个读书人，他叫范进。范进虽然是读书人，可是他的家里很穷。因为他穷，别人都看不起他。范进从二十岁那年就开始参加科举考试，他希望如果能考中，他一下子就能当官，当了官，自己就会有钱有势，别人再也不敢看不起他了。可不幸的是，他一直考了三十多年，直到五十多岁了还没考上。

这一年，他又去参加考试。天已经很冷了，可是范进穷得连一件像样的衣服都没有。在考试的地方，别人都穿得很漂亮，只有范进穿得破破烂烂。主管考试的官员也曾经是一个穷读书人，看到这样一个穷人来参加考试，从心里可怜他。于是，这考试的官员就想照顾照顾他。可是，当他看到范进的试卷时，感到他写得实在不好，他看了两遍，还是觉得他帮不上忙。考试就要结束了，主考官员已经开始录取。他没法帮助范进，可是范进那穷苦和不幸的影子始终在他面前摇晃着。他终于又一次拿起了范进的试卷。这次他仔仔细细地又读了一遍，忽然发现范进的文章写得非常好，只是他的风格不太好懂，一般人不容易看出来。考官十分感慨：连他本人都差一点没看懂，错过了一个人才。他马上高兴地把范进录取成了秀才，并鼓励他参加举人考试。

按科举考试的规矩，秀才考试只是科举制的一种资格考试，仅仅成了秀才是不能做官的。秀才必须参加举人考试。

范进当了秀才，心里很高兴。他想参加举人考试，可是他没有路费。范进的岳父是个杀猪的，他平时看不起范进，对范进很不客气，范进也非常怕他。他岳父有一些钱，范进需要钱去参加考试，这次也许是他一生中最重要的一次机会，他不能错过。于是范进就鼓足勇气想向岳父借点钱去考试，没想到他刚提到要考举人就被岳父大骂了一顿。不仅是骂他，岳父还把他侮辱了一顿。

范进没有办法，只好向朋友借了一点钱偷偷地跑去考了试。范进的家里穷极了，考完试回家，他发现家里已经穷得没有任何东西，家里人已经两三天没吃饭了。

范进的母亲饿得已经看不见东西了，她告诉范进把家里唯一的一只鸡卖掉，买些粮食来家煮饭吃。

正在这时，忽然城里来了一个马队，他们敲锣打鼓跑到范进家里通知他他考中了举人。按照科举制的规定，考上了举人就可以做大官，所以人们都抢着向他祝贺。一会儿，第二批，第三批报喜的马队又来了。范进家里穷得连饭都没有，可是他一中举马上就有很多人巴结他，给他送来了钱、酒和好吃的东西。

这时候范进还不知道自己中举的喜讯，他还在市场上努力地卖鸡。一直没人买，他担心鸡卖不掉母亲会挨饿，心里非常着急。忽然，他的邻居跑来通知他他考中了举人。范进为了这一天苦苦等待了几十年，可是这时他却绝不能相信这好消息，他那么穷，一家人都快饿死了，怎么会有这种幸运呢。他认为邻居是跟他开玩笑，就没有理他。邻居急了，拉着他就逼他回家。他到了家，看到了那么多报喜的人以后，终于相信了。没想到他忽然大笑一声，一下子摔倒，昏过去了。

醒过来以后，范进高兴得疯了。他疯狂地大笑着，拍着手，又摔倒了，摔了一身泥，跑掉了一只鞋，大喊着，唱着歌跑走了。

旁边看的人吓坏了。范进的母亲这时也吓得哭了起来，他们非常难过：范进奋斗了几十年盼中举，可中了举他竟疯了！

这时有人出了个主意：范进是因为高兴疯的，如果找一个他怕的人吓唬他一下，他的疯病就会被治好。范进平时最怕的人是他的岳父，人们请他岳父来吓唬他，打他一下。可是没想到，平时最看不起范进的岳父听说范进中了举，认为他已经成了天上的神仙，这时怎么也不敢吓唬范进，更不敢去打范进了。在大家一再劝说下，为了救他，他岳父终于喝了两碗酒壮了胆，鼓足勇气去找范进。

范进平时极怕岳父。即使在疯病中，见了岳父，他已经吓得好了一半。岳父到他面前骂他一句并打了他一巴掌，范进的疯病吓得彻底好了。而他的岳父这时却吓得手得了病。他认为他打了天上的神仙果然受到了惩罚……

范进的疯病好了以后，他回到家，发现有很多大官和有钱人都在他家等着向他祝贺。这些人有的送给他钱，有的送给他房子，有的送给他家具和其他贵重的东西。只有半天的时间，范进就变成了一个有钱的人。很多原来看不起他、欺负他的人都来祝贺他，巴结他……

一个普通的穷人，考中了举人，一下子改变了他的整个命运。这就是为什么中国古代读书人那么热爱科举制的原因。范进以前那么穷，一下子有了那么多钱，他的母亲太高兴了。由于高兴得太厉害，他的母亲得了重病死掉了。

古代规定，母亲死了儿子不能出去做官。范进虽然中了举，他终于没能做上官。

根据吴敬梓《儒林外史》故事改写

生 词
VOCABULARY

1.	破破烂烂	pòpòlànlàn	tattered; ragged; worn–out; junk; scrap
2.	主管	zhǔguǎn	be responsible for; be in charge of
3.	录取	lùqǔ	enroll; recruit; admit
4.	摇晃	yáohuàng	rock; sway; shake
5.	仔仔细细	zǐzǐxìxì	extremely careful/attentive
6.	感慨	gǎnkǎi	sigh with emotion
7.	秀才	xiùcái	scholar who passed imperial examination at country level; scholar; skillful writer
8.	路费	lùfèi	traveling expenses
9.	鼓足	gǔzú	arouse; inspire; stimulate
10.	勇气	yǒngqì	courage
11.	骂	mà	curse; swear; call names
12.	偷偷	tōutōu	stealthily; secretly
13.	粮食	liángshi	grain; cereals; food
14.	敲锣打鼓	qiāoluódǎgǔ	beat a gong and beat a drum (with happy mood)
15.	巴结	bājie	play up to; fawn on
16.	喜讯	xǐxùn	happy/good news
17.	邻居	línjū	neighbor; neighborhood
18.	摔	shuāi	throw; cast; fall
19.	昏	hūn	faint; lost consciousness
20.	疯	fēng	mad; crazy
21.	狂	kuáng	mad; go crazy; violent
22.	鞋	xié	shoes
23.	竟	jìng	unexpectedly
24.	吓唬	xiàhu	frighten; scare; intimidate

25.	神仙	shénxiān	supernatural being; celestial being; immortal
26.	壮胆	zhuàngdǎn	embolden; boost sb's. courage
27.	惩罚	chéngfá	punish; punishment

Exercise One: Remembering Detials

再次细读本文并指出下列句子提供的信息是对的（*True*）还是错的（*False*）。如是错的，请改成正确的答案：

1. 范进是个很聪明的读书人，他家里很穷，但他在二十岁时考上了秀才。（　　）

2. 因为范进很穷，穿的衣裳很可怜，所以考试的官员很可怜他，愿意为他帮忙。（　　）

3. 刚开始，考官觉得范进的文章写得实在不好，很难帮上他的忙。（　　）

4. 最后，考官发现范进的文章不错，但是他的风格比较难懂，所以过去的考官没录取他。（　　）

5. 按中国古代的传统，得到秀才的人都有了做官的资格。（　　）

6. 范进要去城里当官，向他岳父借路费，他岳父不愿意借给他，还骂了他。（　　）

7. 因为岳父强烈的反对，范进最后没有去城里当官。（　　）

8. 范进考上了举人，可是他不相信自己有那么好的运气。（　　）

9. 范进考上了举人，他的岳父吓得疯了。（　　）

10. 范进考上了举人，别人都非常尊敬他。他最后终于作了大官。（　　）

Exercise Two: Analyzing Ideas

选择下面提供的哪种回答最接近文章提供的事实并完成句子：

1. 范进考科举一直考了三十年，他的目的是为了_____。
   a. 当大官　　　　　　b. 做名人　　　　　　c. 有学问

2. 主管考试的官员刚开始时注意到范进是因为觉得范进_____。
   a. 穿得漂亮　　　　　b. 文章写得好　　　　c. 非常可怜

3. 按照科举考试的规定，考完了秀才以后应该_____。
   a. 再考更高的试　　　b. 考资格考试　　　　c. 当大官

4. 范进考上了举人以后他还不知道，那时他正在_____。
   a. 煮饭　　　　　　　b. 敲锣打鼓　　　　　c. 卖鸡

5. 范进终于考上了举人，但是因为他太高兴，他_____。

a. 饿死了　　　　　　　b. 疯了　　　　　　　c. 巴结人

6. 有人请范进的岳父来给他治治疯病，可是他岳父不愿意，因为他
　　_____。
　　a. 不敢　　　　　　　b. 吓唬　　　　　　　c. 惩罚

Exercise Three：Synonyms

根据上下文的意思，找出句子中的同义词：

1. 他希望自己能考中，能当官，当了官就能有钱有<u>势</u>。
　　a. 权力　　　　　　　b. 本领　　　　　　　c. 学问

2. 范进一考上了举人马上就有很多人来<u>巴结</u>他，给他钱和东西。
　　a. 批评　　　　　　　b. 答应　　　　　　　c. 讨好

3. 考官发现范进的文章不错，但他的风格很不容易懂，一般人看不出来。考官
　　周进十分<u>感慨</u>：……
　　a. 生气　　　　　　　b. 难过　　　　　　　c. 想了很多

4. 他岳父终于喝了两碗酒<u>壮了胆</u>，鼓足勇气去找范进。
　　a. 让……吓唬　　　　b. 让……勇敢　　　　c. 让……生气

Exercise Four：Discussion Questions

1. 范进家里这么穷，他为什么还要参加考科举呢？

2. 范进考了三十多年都没考上，他为什么还每年都参加考试呢？

3. 范进为什么考不上？过去主考官员为什么不录取他？现在的主考官为什么会
　　录取他？

4. 范进的岳父为什么不借给他钱？后来为什么又那么巴结他？

5. 范进为什么刚开始不相信他真的中举了？知道自己中了举，他为什么又疯
　　了？

6. 范进中了举，他得到了什么好处？他最后当大官了么？

第二十二课　给爸爸的信

爸爸：

  我不知道我应该怎样称呼你。是该叫你爸爸呢还是该叫你警察或暴君？这几个星期里我们家的日子实在太不像日子了。家，对我来说，简直就像是一个<u>监狱</u>。

  您知道，我并不是一个真的坏孩子。只不过因为一次考试没考好，您就这样拼命骂我。当然，我不该因此就去喝酒，更不该喝了酒又去闹事，被警察抓起来。可是您想一想，如果当时您不是那么粗暴地对待我，不是因为我一次考试考得不好就那么无情地打骂我，我会离家出走吗？如果我不离家出走，上面的事情会发生吗？

  您知道，这些年来，我一直是个懂事的孩子。您让我学钢琴我就学钢琴，您让我学外语我就学外语，就连您让我去学功夫我都去学了！每天早上五点钟别的孩子还在睡觉的时候我就要起床练习<u>打拳</u>。下午下课后，别人都可以像小鸟一样自由自在地玩一会儿，可我不能，我要学钢琴。吃了晚饭，别人都可以看看电视，休息一会，可我呢？我还要拖着<u>疲倦</u>的身子去学那<u>可恨</u>的外语。

  有好多好多次，我恨钢琴，我真想把钢琴<u>砸</u>了！您知道吗？您只知道让我在您的生意朋友那儿<u>炫耀</u>，让我表演，您知道我有多么恨这架钢琴吗！

  我考上了重点学校，您和妈妈的确高兴了一阵子，可是高兴过后不是想想我吃了多少苦，而是马上<u>建议</u>我应该再学一门外语。您知道学一门外语要花费多少时间吗？您知道为了您的一点小小的<u>虚荣心</u>，您的儿子要付出什么样的代价吗？

  是的，您答应过我，要带我出去<u>度假</u>，好好玩一玩。可是三年过去了，您自己出去度假游玩无数次了。您带我出去过一次吗？您问过我要不要去了吗？

我知道，我这次被警察拘留大大丢了您的脸，也让我考大学的梦受到了影响。因此，您以为您有理由这样粗暴地对待我。您可以打我骂我，您甚至可以不承认我是您的儿子。可是，请您仔细地想一想，这样做有用吗？您这样做能让我心服口服吗？

我曾经是你们的骄傲。你们把我当作超人，认为我什么都能学会。可是我不能。您知道每学会一点东西，我要流多少血泪吗？

在公安局里，我受到了教育，我也知道了我的错误。我决心改正。警察相信我，学校相信我，他们都愿意给我机会让我改错。唯有您，您不愿意再相信我，把我当成了坏人。这些天来，您在想再一次地逼我离开家，再一次地犯错。

爸爸，我不愿意说求求您，但是我至少最后一次愿意让您知道：我过去不是您曾经想得那么好，现在也不是您想得那么坏。不管你喜欢不喜欢，我就是我。

我本该亲口告诉您这些，可是我知道根据您现在的情况，您不会耐心听我讲完上面的话，所以我选择这样一种方式告诉您。我的话完了。

您的儿子：大伟

生 词 VOCABULARY

1. 监狱　　jiānyù　　　　jail; prison
2. 功夫　　gōngfu　　　　Kongfu; martial arts
3. 打拳　　dǎquán　　　　play Kongfu/boxing
4. 疲倦　　píjuàn　　　　tired; fatigue
5. 可恨　　kěhèn　　　　hateful

6. 砸	zá	pound；tamp；break；smash
7. 建议	jiànyì	suggest；suggestion
8. 虚荣心	xūróngxīn	vanity
9. 度假	dùjià	spend one's holidays；go vacationing
10. 拘留	jūliú	detain；hold in custody；intern
11. 粗暴	cūbào	rude；rough；crude；brutal
12. 承认	chéngrèn	admit；acknowledge；recognize
13. 心服口服	xīnfúkǒufú	be sincerely convinced
14. 超人	chāorén	superman
15. 公安局	gōng'ānjú	police station
16. 耐心	nàixīn	patient

Exercise One: Remembering Detials

**再次细读本文并指出下列句子提供的信息是对的（*True*）还是错的（*False*）。
如是错的，请改成正确的答案：**

1. 这个人是从监狱里给爸爸写信，他很想念他的爸爸。（　　）
2. 因为写信人考试没有考好，警察就把他抓了起来。（　　）
3. 写信人的爱好太多，所以他考试没有考好。（　　）
4. 虽然写信人不喜欢钢琴，可是他爸爸让他学，他就学了。（　　）
5. 写信人的爸爸让他学两门外语，写信人感到非常不满意。（　　）
6. 写信人的爸爸许诺过带他出去游玩，却从没带他出去过。（　　）
7. 因为写信人犯了错，警察粗暴地打他骂他，他很难过。（　　）
8. 写信人最后很真诚地请求他的爸爸原谅他。（　　）

Exercise Two: Analyzing Ideas

选择下面提供的哪种回答最接近文章提供的事实并完成句子：

1. 因为写信人的爸爸对他不好，他说他_____。
   a. 不知道怎样称呼父亲　b. 要当暴君　　　c. 要去警察局
2. 写信人被警察抓起来的原因是因为他_____。
   a. 喝酒闹事　　　　　　b. 不尊敬父亲　　c. 考试不好
3. 因为写信人的爸爸对他的希望太多，他每天_____。
   a. 很骄傲　　　　　　　b. 很喜欢炫耀　　c. 很累很苦
4. 写信人的爸爸让他学第二门外语，他很不高兴，因为_____。

　　a. 虚荣心　　　　　　　b. 代价太大　　　　　　c. 五点起床

5. 因为写信人犯了错，写信人的爸爸就_____。

　　a. 粗暴对待他　　　　　b. 心服口服　　　　　c. 不承认是他的儿子

6. 写信人本来愿意给爸爸讲他的情况，可是_____，他只好写信来谈。

　　a. 怕爸爸没有耐心　　　b. 怕爸爸犯错　　　　c. 怕爸爸太忙

Exercise Three：Synonyms

根据上下文的意思，找出句子中的同义词：

1. 你总是让我在别人面前炫耀，但你不知道我多么恨钢琴。

　　a. 展示　　　　　　　　b. 练习　　　　　　　c. 表达

2. 您知道为了您的一点虚荣心，您的孩子要付出什么代价吗？

　　a. 喜欢批评的想法　　　b. 喜欢别人说好　　　c. 喜欢表演的想法

3. 我知道，我这次被警察拘留大大丢了您的脸。

　　a. 关起来　　　　　　　b. 打骂　　　　　　　c. 侮辱

4. 这些天来，您在折磨我，想再一次逼我离开家。

　　a. 让……受苦　　　　　b. 让……害怕　　　　c. 让……生气

Exercise Four：Discussion Questions

1. 在文章的第一段作者为什么对爸爸称呼用"你"，其他段用"您"？

2. 大伟平时是个什么样的孩子？他为什么犯了错？

3. 大伟的父亲平时对大伟怎么样？他为什么那么生大伟的气？

4. 大伟为什么非得用写信的方式同父亲交流？

5. 你理解大伟吗？你愿意了解一下他父亲的原因吗？请你仔细读一下下面他父亲的信。

第二十三课　父亲的信

大伟：

　　我们天天住在一个房子里而我们却不得不用写信来交流，这真让我感到羞耻。可我还是很高兴你把你想说的话告诉我了。

　　这么多年来，这是我第一次知道了你那么多的心里话。我第一次知道你不喜欢钢琴，不喜欢打拳，不喜欢我让你在朋友面前表演——我一直以为你喜欢它们。每次我让你做的时候你都做了，我以为你很愿意做。对于这，<u>我</u><u>至少</u>要感谢你做得不错和你的懂事，你<u>掩藏</u>着你的不满，竟没让我看出来，没让我感到尴尬。

　　大伟，你知道，爸爸是一个没有多少知识的人。爸爸小时候在<u>乡下</u>长大，从小连饭都吃不饱，当然更不能去上学了。我记得小时候看到村里有钱的孩子穿得整整齐齐地去上学，我的心里多羡慕呵！我做梦都想着上学、读书、出人头地。可是我每天都要帮爷爷干<u>农活</u>，只读了几年书。我识字都是看旧小说，看《水浒》、《三国演义》、《西游记》学会的。

　　后来政策变了，允许农民经商。爸爸吃苦受累拼命地奋斗，来到了城里，成立公司当了<u>个体户</u>，生意越做越好，这些年爸爸攒了很多钱。有了钱，爸爸就想做一个文明人，想学知识，想读书。可是已经晚了。我知道不读书没知识就不能成为一个文明人，可我不能<u>撂</u>下生意不做去读书；我也不甘心就这么混一辈子。我一直看不起只知道挣钱而没有知识的人，于是我就报名去上了<u>夜大学</u>。你知道爸爸平时有多忙，我白天简直不是在工作，那是在<u>拼命</u>！可是晚上我还要拖着疲劳的身子去大学读书。我年纪大了，基础又不好，<u>记性</u>也差。孩子，我知道你学习努力，可是你也知道，爸爸每天晚上做作业都做到深夜，总是在你们都睡觉以后才睡的。

其实，现在没有一个人在逼爸爸读书。爸爸为什么还要读书呢？记得小时候我们家穷，爷爷不仅不鼓励我，他最怕我读书，他怕我因为读书耽误干活。现在，爸爸有钱了，爸爸终于可以自由地读书了。孩子，想一想，爸爸像你那么大的时候根本就没见过钢琴，没吃过一顿肉饺子；我十五岁前就没穿过一双新鞋子。爷爷从来没教我做过什么事，他觉得我看他怎么做就应该怎么做，我不会或做不好他的教育就是打。我挨打一直挨到十八岁。大伟，你挨过这么多打吗？你想一想，你从小到现在，爸爸打过你几次？

爸爸这辈子已经晚了。我一心想让你变成一个文明人。我要让你真正像一个有钱人家的孩子那样活着。为了这，叫我吃什么苦受什么累，叫我做什么我都愿意。给你买钢琴时你还小，那时钢琴还很贵，咱们这个城里就没有几家人买得起。你不知道买那架钢琴几乎是花掉了我和你妈积攒了多少年的血汗钱！这钱里有我小时候一分一分攒起来的压岁钱，有你妈妈结婚时舍不得花、存起来的嫁妆钱。我坚持要买钢琴，你妈心疼得都哭了……你现在竟然说你想把它砸了！想想吧，孩子，爸爸为什么要让你学钢琴？

是的，我想让你争气，让你实现我的梦，让你成为人才。现在我不缺钱了，我缺什么呢，我缺文明，我缺尊严，我让你努力读书。这，难道错了么？

是的，我除了让你学钢琴，还让你学功夫，我想让你当一个全面发展的人。有了文明，没有一个健康的身体怎么行呢？难道这事爸爸也错了？

学外语有什么不好？爸爸打算将来让你出国，让你耀祖光宗，不从小学会外语行么！你看看，在今天，有哪个有出息的人不会外语？！

孩子，你应该知道，爸爸妈妈苦苦辛劳一辈子为了啥。为了怕影响你的学习，你不看电视，爸爸妈妈也不看电视。你抱怨爸爸度假不带着你，难道爸爸心疼钱吗？爸爸是怕耽误你学习。我总是想现在你还小，现在你主要的任务是读书，等你大了，有出息了，你有的是机会玩。现在总是带你玩怕把你的心玩野了。你应该知道爸爸妈妈奋斗一辈子，钱最后全是你的。我们要钱干什么？这钱全是你的！——只要你有出息。

你犯了那么大的错，进了公安局，还被拘留了两天，你倒是有脸说得那么轻描淡写！考试考得不好，批评了你几句你就跑了。跑出去你居然敢喝酒了。喝了酒你还敢闹事，去骚扰女孩子！幸好那女孩子是你的同学她原谅了你，幸好公安局原谅你酒后失去控制是初犯、又因为你年龄小原谅了你。要不然你想想，不只是你毁掉了你自己一生的前途，咱家的脸也要被你丢尽了！

我当着朋友的面说你几句你就受不了了，你知道你的愚蠢行为给我、给你妈、给我们家带来多大的耻辱吗！

大伟，你现在改还来得及。你也知道，虽然公安局、学校都告诉你只要你改好，这件事不会影响你考大学。可是你知道，你必须用比别人多很多倍的努力才能洗刷掉你的耻辱和你给我们家带来的耻辱。我和妈妈等着你改正。我仔细想了我这些天做过的事，我除了脾气坏一点外，没有什么不好。你犯了那么多的错，难道还等着爸爸给你说"对不起"吗？

你的父亲

生 词
VOCABULARY

1. 至少	zhìshǎo	at least	
2. 掩藏	yǎncáng	hide; conceal	
3. 乡下	xiāngxià	countryside	
4. 农活	nónghuó	farm work	
5. 个体户	gètǐhù	individual entrepreneur	
6. 撂	liào	put down; leave behind; throw/knock/shoot down	

7. 夜大学	yèdàxué	evening university
8. 拼命	pīnmìng	risk one's life; defy death; go all out regardless of danger to one's life
9. 记性	jìxing	memory
10. 穷	qióng	poor
11. 耽误	dānwù	postpone; delay
12. 挨打	áidǎ	take a beating; get a thrashing
13. 积攒	jīzǎn	save（money）
14. 血汗钱	xuèhànqián	money earned by hard toil
15. 压岁钱	yāsuìqián	money given to children as a lunar New Year gift
16. 嫁妆	jiàzhuāng	dowry; trousseau
17. 争气	zhēngqì	try to make a good showing; try to win credit for; try to bring credit to
18. 辛劳	xīnláo	toil
19. 啥	shá	what
20. 机会	jīhuì	opportunity; chance
21. 轻描淡写	qīngmiáodànxiě	touch on lightly
22. 居然	jūrán	unexpectedly; to one's surprise; going so far as to
23. 骚扰	sāorǎo	harass; molest
24. 幸好	xìnghǎo	fortunately; luckily
25. 初犯	chūfàn	first offender; first offense
26. 洗刷	xǐshuā	wash and brush; scrub; clear oneself（of stigma/etc.）
27. 改正	gǎizhèng	correct; amend
28. 难道	nándào	do you really mean to say that...

Exercise One: Remembering Detials

再次细读本文并指出下列句子提供的信息是对的（*True*）还是错的（*False*）。如是错的，请改成正确的答案：

1. 父亲要在监狱里给儿子写信，他感到很羞耻。（　　）
2. 父亲让儿子表演时他每次都做了，这让父亲很尴尬。（　　）

3. 因为爸爸过去没有知识，所以他想让儿子努力学习。（　　　）

4. 父亲是个个体户，小时候没机会读书。有钱以后，他决定要上夜大学，学习更多的知识。（　　　）

5. 因为父亲家里很穷，他要干活，小时候爷爷不准他读书。（　　　）

6. 为了买钢琴，全家花了很多代价，想让儿子变成文明人。（　　　）

7. 父亲认为，凡是有出息的人都会外语。（　　　）

8. 为了怕影响大伟学习，他爸爸妈妈连电视都不看。（　　　）

9. 大伟是因为喝酒闹事骚扰女孩子被警察抓起来的。（　　　）

10. 大伟认为自己没有错，他不愿意考大学了。（　　　）

Exercise Two：Analyzing Ideas

选择下面提供的哪种回答最接近文章提供的事实并完成句子：

1. 大伟的爸爸觉得跟儿子住在一起却要写信来交流_____。

　　a. 奇怪　　　　　　　　b. 羞耻　　　　　　　　c. 不好意思

2. 爸爸原来_____大伟不喜欢他让大伟学的东西。

　　a. 不知道　　　　　　　b. 知道　　　　　　　　c. 愿意

3. 大伟的爸爸小时候是个_____。

　　a. 生意人　　　　　　　b. 农民　　　　　　　　c. 个体户

4. 大伟的爸爸读夜大学是因为_____。

　　a. 想当个体户　　　　　b. 想当文明人　　　　　c. 有人逼他

5. 爸爸想让大伟好好学习，将来让他出国，是为了_____。

　　a. 当文明人　　　　　　b. 耀祖光宗　　　　　　c. 全面发展

6. 爸爸不带大伟出去旅游是怕他_____。

　　a. 玩野了　　　　　　　b. 有出息了　　　　　　c. 心疼钱

7. 爸爸认为这次大伟最大的错误是_____。

　　a. 失去控制　　　　　　b. 影响考大学　　　　　c. 丢家里的脸

Exercise Three：Synonyms

根据上下文的意思，找出句子中的同义词：

1. 我们天天住在一个房子里却不得不用写信来<u>交流</u>，这真让我感到羞耻。

　　a. 传达想法　　　　　　b. 互相批评　　　　　　c. 说自己的话

2. 这里有你妈妈结婚时舍不得花、存起来的<u>嫁妆</u>钱。

　　a. 别人送的礼物　　　　b. 女子家结婚的钱　　　c. 祝贺结婚的钱

3. 你犯了这么大的错，你倒是还有脸说得这么<u>轻描淡写</u>！

　　a. 很美丽　　　　　　　b. 很轻松　　　　　　　c. 很好笑

4. 你居然还敢喝酒，喝了酒还敢闹事，去<u>骚扰</u>女孩子！

　　a. 使⋯⋯ 不安宁　　　　b. 使⋯⋯ 喝酒　　　　c. 使⋯⋯ 初犯

Exercise Four: Discussion Questions

1. 看了父亲的信，你觉得他的严厉有道理吗？你同情这个父亲吗？

2. 父亲为什么对儿子有着那么高的希望？你认为这公平（fair）吗？

3. 父亲为什么那么喜欢读书？他认为什么样的人是"文明人"？

4. 父亲小时候受的是什么样的教育？他认为那种教育怎么样？他为什么年纪这么大了还坚持上夜大学？

5. 你觉得父亲的话有没有道理？他的道理跟大伟的道理有什么不一样？我们应该听信谁的道理？

6. 你觉得大伟读了爸爸的信以后会有什么样的想法？他会听爸爸的话改正吗？

7. 请你根据这两封信提供的情况，给大伟或他爸爸写一封信，谈谈你的想法并谈谈你对这件事的处理意见。

第二十四课　丁龙先生的梦

　　在著名的纽约市有一所有名的大学，这所大学是哥伦比亚大学。哥大有一个很有名的系叫东亚系，这个系的汉学研究有着世界声誉。

　　哥大的东亚系成立了一百年了，它是美国成立最早和最有成就的东亚系之一。大家都知道它的成功，可是很少有人知道它的历史。它今天是这么有名，很多人会以为它一定是一个很有名有身份的人建立的。其实不是，这个系是一个穷苦的华侨劳工努力奋斗并发起捐献创办的。这个劳工的名字叫丁龙。

Mr. Dean Lung

　　丁龙先生像。他是一个华侨劳工，却捐献了自己一生的积蓄建立了哥大的汉学系。

　　一百年前，中国正处在一个灾难深重的时期。那时候，清朝政府和西方国家经常有冲突，在冲突中中国人总是吃亏。打仗总是失败，谈判总是受害；在强大的西方面前，中国文化显得落后，西方人看不起中国文化，把中国人叫作"东亚病夫"。中国人那时候深深地感到自己落后了，可是又找不到出路；清朝的政府也非常腐败，人们愤怒地推翻了政府。可是推翻了政府，中国到底向哪儿去呢？中国如何能够强大起来？

　　当时有很多中国人被迫到西方去谋生，有很多中国人来到了美国当劳工。丁龙就是这样一个劳工。丁龙小时候受过一点教育，他非常诚实和聪明。在美国他工作努力，好学上进，被他的主人看上了，把他提拔做了管家。他的主人名字叫卡本蒂埃，是美国一个城市的市长，非常有钱，为人也非常慷慨。由于丁龙工作十分努力，卡本蒂埃很喜欢中国人的很多优秀品质，开始用不同的眼光来理解中国并开始关心中国文化。

丁龙勤勤恳恳地为卡本蒂埃工作了一生，卡本蒂埃非常感激他。丁龙老了，他告诉卡本蒂埃他应该退休了。卡本蒂埃舍不得让他离开，为了感谢丁龙为他服务了一生，他提出了一个十分感人的条件：在丁龙离开他时他愿意尽他最大的能力来满足丁龙一个要求。丁龙刚开始谢绝了。他一生从不愿意求人，怎么能在临走时在麻烦主人呢？开始卡本蒂埃坚持一定要为他做一件事才让他走。于是丁龙说出了久久埋藏在他心中的一个心愿：他自己几十年来攒了一笔钱，他希望

世界闻名的哥伦比亚大学校园，
这儿的汉学研究有着世界声誉。

卡本蒂埃能帮他把这些钱捐献给美国一个有名的大学，用它来建立一个研究中国文化的系。他希望它能促进美国人认真地研究中国文化，了解中国。他相信，了解了中国文化的伟大和深厚以后，美国人会理解中国、尊重这样一个有着悠久文明传统的民族的。

当然，丁龙一个人的钱是不够的。卡本蒂埃接到了丁龙辛苦一生积攒的满含着希望的血汗钱，激动得久久不能平静。高贵的卡本

蒂埃没有食言，他为了帮助丁龙实现自己的梦几乎倾家荡产，最后终于在哥伦比亚大学建立了东亚系。

全世界都知道，中华民族是一个喜欢读书的民族，丁龙的梦其实也是一个伟大民族的读书梦。和中国古代渴望读书成功、出人头地的无数先辈一样，这也是一个远在异乡的穷苦的中国人的读书梦。所不同的是这个梦更伟大，意义也更深远。丁龙已经不仅仅是为了自己读书，而是为了让更多的人读书；而这种读书又有了一个神圣的目的：让别人了解他的祖国，尊敬他的祖国文化。因此，丁龙的行为就不能不令人肃然起敬了。

丁龙自己没能够读书，可是他却用自己的努力，用自己的辛勤劳苦让更多的人有机会去读书，去维护自己民族的尊严。

他要架一座桥梁，让中美文化和人民之间互相了解，互相热爱。他虽然没读过很多书，可是他知道读书的重要。他知道，书，知识，可以让人们互相了解，互相学习，可以让两个伟大的民族握手。

丁龙没有想到耀祖光宗，没有想到"书中自有黄金屋，书中自有千钟粟，书中自有颜如玉"。作为一个穷苦的劳工，他一生未结婚，把所有的钱都捐献了，没有等到"洞房花烛夜，金榜题名时"。

丁龙差不多什么都没有留下，他甚至没留下一句话。可是人们永远感激他、纪念他，后来人们找到了一张他的照片。这张照片直到今天还挂在哥大的东亚系。

丁龙，一个普普通通的中国人，却干了一件不普通的，值得我们永远纪念的伟大的事。

根据王海龙《哥大与现代中国》改写

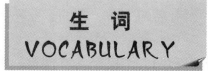

生　词
VOCABULARY

1. 声誉　　　　　　shēngyù　　　　　　great fame/reputation

2. 劳工	láogōng	laborer；worker
3. 创办	chuàngbàn	establish；set up
4. 灾难深重	zāinànshēnzhòng	great suffering；miserable；deeply misfortune
5. 病夫	bìngfū	sicken people；patient
6. 出路	chūlù	way out；outlet；employment opportunities
7. 谋生	móushēng	seek livelihood
8. 提拔	tíbá	promote
9. 管家	guǎnjiā	butler；steward；house keeper
10. 勤勤恳恳	qínqínkěnkěn	diligent and conscientious
11. 退休	tuìxiū	retire
12. 谢绝	xièjué	refuse；decline
13. 心愿	xīnyuàn	cherished desire；aspiration；wish
14. 倾家荡产	qīngjiādàngchǎn	lose family fortune
15. 异乡	yìxiāng	alien land（i.e., not one's hometown）
16. 神圣	shénshèng	sacred；holy
17. 祖国	zǔguó	motherland
18. 肃然起敬	sùránqǐjìng	be filled with deep veneration
19. 辛勤	xīnqín	industrious；hardworking
20. 维护	wéihù	safeguard；defend；uphold
21. 桥梁	qiáoliáng	bridge
22. 握手	wòshǒu	shake hands

Exercise One: Remembering Detials

再次细读本文并指出下列句子提供的信息是对的（*T*rue）还是错的（*F*alse）。如是错的，请改成正确的答案：

1. 哥伦比亚大学是美国一所有名的大学，它的东亚系是一个很有名有身份的人建立的。（　　）
2. 在一百年以前，清朝政府和西方国家经常有冲突，中国人把西方人叫作"东亚病夫"。（　　）
3. 丁龙受过很好的教育，他后来被提拔作了管家。（　　）
4. 因为喜欢丁龙，卡本蒂埃也开始关心中国文化。（　　）

5．丁龙老了，他想退休，卡本蒂埃不同意，丁龙很生气。（　　）

6．丁龙希望在美国建立一个研究中国文化的系，让每一个美国人都学习中国文化。（　　）

7．因为丁龙的钱不够建立一个中国文化系，卡本蒂埃帮助他，又捐献了很多钱。他们最后终于成功了。（　　）

8．丁龙希望美国人了解中国，让他们考科举。（　　）

9．丁龙后来没有去建立一个系，他去帮助人们建立桥梁。（　　）

10．丁龙虽然是个普通人，但是他干了一件很伟大的事。（　　）

Exercise Two：Analyzing Ideas

选择下面提供的哪种回答最接近文章提供的事实并完成句子：

1．哥伦比亚大学东亚系很有名，因为它_____。
　　a．很成功　　　　　　　b．历史最长　　　　　　c．很声誉

2．一百年前，西方国家看不起中国，因为当时中国_____。
　　a．东亚病夫　　　　　　b．灾难深重　　　　　　c．文化落后

3．为了感谢丁龙为自己服务了一生，卡本蒂埃决定_____。
　　a．让他退休　　　　　　b．满足他一个要求　　　c．提拔他当管家

4．丁龙想建立中国文化系的目的是为了_____。
　　a．渴望读书　　　　　　b．让人们了解他的中国　c．肃然起敬

5．丁龙虽然没有读过很多书，可是他_____。
　　a．让更多的人读书　　　b．耀祖光宗　　　　　　c．想当文明人

6．丁龙的故事告诉我们要_____。
　　a．爱自己的国家和文化　b．有捐献很多钱　　　　c．辛勤劳苦

Exercise Three：Synonyms

根据上下文的意思，找出句子中的同义词：

1．中国人那时候深深地感到自己落后了，可是又找不到<u>出路</u>。
　　a．很近的道路　　　　　b．解决问题的方法　　　c．先进的文化

2．当时很多中国人被迫到西方去<u>谋生</u>，有很多人到了美国。
　　a．挣钱活下去　　　　　b．想办法看病　　　　　c．得到更好教育

3．丁龙刚开始时<u>谢绝</u>了，他一生不愿意求人。
　　a．客气地同意　　　　　b．客气地反对　　　　　c．高兴地叫好

4．他为了帮助丁龙实现他的梦几乎<u>倾家荡产</u>，最后终于在哥大建立了一个研究中国文化的系。

　　a. 失去一切　　　　　b. 努力奋斗　　　　　c. 生病失业

5. 丁龙想让别人了解和尊敬他祖国文化的目的很神圣，他的行为令人<u>肃然起敬</u>。

　　a. 非常敬佩　　　　　b. 非常高尚　　　　　c. 非常聪明

Exercise Four: Discussion Questions

1. 丁龙生活的时代是一个什么样的时代？他为什么要建立一个研究中国文化的系？

2. 丁龙是怎样实现自己的梦想，在哥大建立起一个东亚系的？

3. 丁龙的读书梦和传统知识分子的读书梦有什么不同？

4. 丁龙自己不是知识分子，他也没有机会再读书，他为什么要把自己积攒一生的钱献出来建立东亚系？

5. 在今天学习这篇文章，我们应该向丁龙学习些什么？

6. 你有一个梦吗？你怎样去实现你的梦想？

第二十五课　伍老师

伍老师是一个模范的小学老师。伍老师是我见到过的最厉害的一位老师。她的厉害不仅在于她的<u>本领</u>高强，而在于她的方法严格，脾气大。

她是一个<u>省级</u>模范教师，她的学生考试都考得很好，年年都在学校里得<u>冠军</u>，因此家长都想尽办法走后门去求她，让孩子<u>挤</u>到她的那个班去上课。开学不久，伍老师班上的学生就<u>超额</u>了，必须减去一些人，可是谁也减不掉，哪个也不愿走。大家都是走后门进来的，进来得不容易，当然不会轻易出去。学生太多，有的只能坐在窗户上、坐在地上听课。一个班有五十多个学生。

而别的班呢，别的班只有三十个学生。伍老师班的学生差不多比别的班多一倍，学习条件不好，她班的学生仍然考试第一。你不服气不行，伍老师教的学生就是好。伍老师当然骄傲。她是学校的光荣，是学校的一面牌子，连校长都要敬着她，伍老师当然有理由骄傲。由于骄傲，伍老师有时就看不起人——在她眼里，世界上没有几个有知识的人。

儿子到了该上小学的年龄了。我早就打听到了伍老师的大名，盼着能求到她跟她上一年级。幸运得很，那年伍老师<u>恰恰</u>教一年级。详细情况我不说了，反正是费尽了<u>周折</u>，跑断了腿磨破了嘴求爷爷告奶奶<u>柳暗花明</u>有惊有险总算挤进了伍老师的班。

上小学是人生的第一站，基础非打好不可。现在家家都只有一个孩子，孩子太小不懂事，当然不知道好好学习；如果从小把路走<u>歪</u>了，大了会<u>耽搁</u>一辈子，所以孩子上小学比上中学、考大学更让人<u>操心</u>。就因为这，在孩子上小学的时候，家长们不管付出什么样的代价，只要能<u>投奔</u>到一个好老师就会感到心满意足。我儿子能到了伍老师的班。我的心病顿时掉了一半。

没想到，我高兴得太早了。

几乎是刚刚开学，我就得到了伍老师的一张条子，条子写得很不客气，让我马上去学校一趟。我以为出了什么大事，赶紧跑到学校。在那儿，我第一次见到了伍老师。她是一个个子不高的中年女人。穿得干净利落，说话很快，要不是她那么傲慢，她的脸长得很好看，甚至还有点动人。可是眼里总是显着那么一丝轻蔑，这张脸就不可爱了。

伍老师找我其实并没有什么大事，她只是想给我一个下马威。听说我在大学教书，她怕我以后不完全听她的话，用自己的知识或教学方法来干扰她的权威，所以叫我来向我声明。我对小学教育一点也不懂，当然对她毕恭毕敬，表示了无条件的敬佩。看到我是真心的，伍老师满意地放我走了。

刚刚上小学，孩子还小，放学时家长总是去学校门口接孩子。儿子能上学了，我是自豪的，当然愿意去接他。估摸着到放学时间了，赶快欢天喜地地去小学校门口，没想到，迎头碰见了伍老师。

"在全班五十个学生中，你的孩子是最差的！你知道吗?!"伍老师气势汹汹地冲我喊。我一下子被伍老师击昏了头脑：真的吗？儿子竟这么调皮不懂事？天天叮咛他上学要好好读书，别给家里丢脸。没想到，刚开学他就这么让我丢脸。我已经好多年没有这样被别人当面训斥了，被伍老师训得脸上火辣辣的，恨不能马上逃走。

好容易捉到了儿子，审问他犯了什么错，可孩子一脸无辜，说没做错什么，老师今天还表扬了他。我能信儿子的话么！想想伍老师对我的神情，我这个下午都痛苦得回不过神来。

傍晚去接孩子，我去晚了一会，只见伍老师又是站在校门口。我想躲开她，闪到了一旁。一个家长过来了，伍老师迎了上去："你是×××的家长？你知道吗，×××是全班最差的学生！你回去应该好好看着他做作业……"又一个家长来了，伍老师迎上去："你知道吗，……"

啊哈！原来如此。

伍老师，您以为您向我表扬了孩子我就会放松他、不看着他做作业了吗？其实我比您对他还严格呢！您能不能换个方法？我一定配合您。心里这样想着我没敢说出来，看到儿子出校门了，我迎上去。抢先拦着我的当然还是伍老师。

就这样，去接孩子已经完全没有任何一点乐趣而成了一种酷刑。孩子小，你又不能不去接他。你指望晚一点去错开伍老师吧，可伍老师极负责。不见到家长她绝不放心让孩子离开学校。别的家长也许渐渐习惯了这一套，可我却每一次都不能不脸红。

伍老师的方法确实奏效。全班学生认真上课，作业完美，不出一个星期孩子们个个都被调理得像个机器人似的了。孩子们学习上去了，皆大欢喜，校长、老师、家长们脸上都喜洋洋的。

说一千道一万，儿子不该有病。他有了病我也不该自作主张让他不写作业。我终于得罪了伍老师，儿子还差一点被她撵出了教室。

那天也是合该有事。天气骤变，孩子正上着课，忽然发烧，我得到通知去学校领孩子到医院。儿子烧得很厉害，我抱上就想跑，没想到伍老师拦着我要给孩子布置作业。我只有苦笑。

到了医院，发现是急性感冒，幸亏来得早，不然会转成肺炎。医生马上留下了孩子，要打吊针（I．V．）。吊针一直打到半夜十二点，感谢上帝，孩子的高烧退了。辗转回到家已经夜里一点了。刚刚到家，儿子就挣扎着要拿书包，写作业。孩子烧了一天，饭都不能吃，弱得打晃，此时还想着写作业。看他这样，我实在受感动了。我说："儿子，别写了。赶快睡吧。"得到了我的批准，儿子不但没高兴，却吓得可怜巴巴几乎哭了出来："爸爸，不行。我一定得写。要不然伍老师会生气，明天会批评我，不让我上学的。""不会！儿子，放心吧。爸爸给你写个条子，明天带给老师，她不会生气的。"看到我认认真真地写好了条子，儿子才放心地睡了。孩子病了一天什么也没吃，小手上扎满了带着血痕的针眼，看得让我难过。我很高兴我阻止了他写作业。孩子刚沾上床就睡着了……

第二天我在办公室正准备一个讲座，忽然被电话铃声惊起。一拿起电话，竟是儿子从家打来的。我正惊诧他为什么不去上学待在家里，儿子带着哭腔抱怨爸爸昨夜阻止他写作业伍老师今天生了气，赶他回家。听到儿子的哭诉，我知道问题严重了。可我不后悔。我错了么？孩子病成那样，能写作业吗！我答应儿子立刻回家带他去向伍老师求情。我想，伍老师是老师，我也是一个老师，她会了解一个老师和一个爸爸的心情的。

事实证明我错了，错得一塌糊涂。没等到我求情，伍老师就一脸气愤地冲我走来怒斥我为什么阻止孩子写作业。我想她应该知道昨天我是从她班上把孩子抱去医院的，她知道孩子发烧。可是没等我回答，她就命令我立即带孩子回家。不补完作业就别回来上学："到底谁是他的老师？是你，还是我?！现在有两条路：一是今后你自己教他，他不要来上学了。二是他老老实实补完作业回来。"我当然知道她说的两条路实际上只是一条路，我还敢解释么？儿子这时吓得直哭。哭还不敢哭出声，只有眼泪吧嗒吧嗒直掉。我尴尬极了，此生很少受过这样的羞辱。为了孩子，我忍了。拉起儿子赶紧就走。

"自作主张！有本事自己去教，别送到我这儿来！别说是你，就是市长的儿子孙子一样不敢少听我一句话！"虽然我逃了，背后仍然传来伍老师那不依不饶的斥责声。

有一段日子，我没敢去接儿子，由孩子的妈去替我受过。在我教书的大学，我算得上是个好老师，每年得奖，常常发表作品，也受到学生的欢迎和领导的信任。连我们大学校长都很喜欢我，对我很客气，没想到一个小学老师竟这么毫无顾忌地训斥我。我真想不通。

谁能想到呢，一个偶然的机缘，竟使伍老师和我和解了。那是省教育厅主办的一次考试，有一个考试项目是美学。我出版过一本美学入门书，被指定为复习专用书。伍老师那年正在参加高等师范证书考试，买不到那本书，打听到作者是我。一天我没躲及她，被她撞见，止住了我，她开了口："《美学入门》的作者海龙是你吗？"我不知她何意，赶忙承认："是、是。""能买一本吗？""您……，哪儿的话？我一定奉送，一定奉送……"

那以后不久，我出国了。行前有很多事要做，送了书，我渐渐忘了伍老师。来美国后不久，孩子生了病。这次病得比上次厉害，孩子住了两星期的医院。虽然知道孩子病好了，我的一颗心却悬着放不下。我最担心的是伍老师。她能饶过久病初愈的儿子吗？

　　直到过了一年儿子来美国以后，我才真正理解了伍老师。她不止是厉害，她真正是一个负责任好老师。儿子告诉我，他住医院的时候，伍老师几乎是天天去医院看他。只要儿子情况还好，她就给孩子讲课。她已经不舍得给孩子布置作业了。可是她也知道，她的班是尖子班，每天进度极快。我儿子只要两天不学，很容易会被拉下。这孩子的爸爸不在家，在很远很远的地方。她不能让孩子拉下。

　　可以想见，对伍老师来说，做到这样有多难。她是一个这样负责的老师，每天送走了最后一个孩子和家长，来不及休息，甚至来不及吃饭，就风尘仆仆地赶去了医院。她自己也是孩子的妈妈，就为了这个不让她的学生被拉下的朴素的信念，她整整跑了两个星期。除了教孩子课，她还亲自给孩子做好吃的东西带去，给孩子买螳螂、知了玩，给孩子买图画书看。在孩子病中，她和孩子成了朋友。

　　从儿子口中，我知道伍老师并不总是那么不近人情。她原来是个乡下女孩。在乡下，女孩不能读书。看到男孩子能上学，她哭着闹着要上学。起初家里人没有理她，以为她哭闹几天就会好了。可是没想到这个女孩竟是一直哭了多天，流干了眼泪也不吃饭，眼看就憔悴得不行了。父母这时才看出来她不是个一般的孩子。万般无奈，送她到学校里去试了试，没想到到了那儿老师就再也不愿意让她回来了。她不但是班上最好的学生，而且是全校最好的学生。

　　父母需要她干农活，她白天上学，夜里摸黑到地里干到半夜，睡四个小时的觉，天不亮再跑几十里山路回学校上早自习。父母交不起学费，学校的老师替她交。看到她受了这么多折磨还要读书，母亲流泪了："可惜你不是个男孩子。""女孩子为什么不能读书？我一定要读出个样子来给您看！"

　　多少年来，这个可怜的姑娘从来没有缺过一天课。即使是农忙、有病发烧，这个要强的姑娘也从没耽误过一次作业。她的成绩是全县最好的。她的故事传遍了这个遥远的山区。由于她的成绩最优秀，她被免费保送上了师范学校。"你知道上学有多珍贵吗？做人就该事事争第一。我看到现在的孩子不好好读书我就恨，吃穿不愁一门心思读书再读不好，想想对得起谁！"

"做人就该事事争第一。"这个朴素的想法震撼了我，也深深地在我儿子心里扎下了根。

儿子不久也来了美国，在他的读书生活中，后来他又遇到了各种各样国籍不同肤色不同的老师，可唯有伍老师对他的"蹂躏"最狠，爱他也爱得最深。等到儿子懂事了，他才深知：中国老师对学生的爱是用不同的方式表达出来的。

儿子来美时，伍老师送给了他一套插图本中国历史书，一条红领巾。读历史让他记着他是中国人，红领巾提醒他要永远当好人。

孩子来美时刚上完小学一年级，他几乎是完全靠自学，两个夏天以后能自己读懂《水浒》了。现在他早已长成一个男子汉，在纽约大学上二年级了。论个头，爸爸对他也是须仰视方能见了，可是他仍记着伍老师。你若问他从小到大认识的人里谁的学问最好，他当然会脱口说出是伍老师！

根据王海龙同名小说改写

生 词
VOCABULARY

1.	本领	běnlǐng	skill; ability; capability
2.	省级	shěngjí	provincial（government）level
3.	冠军	guànjūn	champion
4.	挤	jǐ	squeeze; press; jostle; crowd
5.	超额	chāo'é	exceed quota
6.	恰恰	qiàqià	coincidentally; exactly
7.	周折	zhōuzhé	twists and turns; setbacks

8. 柳暗花明	liǔ'ànhuāmíng	dramatical change; enchanting spring sight
9. 歪	wāi	askew; crooked; inclined
10. 耽搁	dān'ge	delay; procrastinate
11. 操心	cāoxīn	worried/trouble about; take pains
12. 投奔	tóubèn	seek refuge
13. 心病	xīnbìng	worry; anxiety; sore point; secret trouble
14. 利落	lìluò	agile; nimble; dexterous; neat; orderly
15. 轻蔑	qīngmiè	slight; pejorative
16. 下马威	xiàmǎwēi	severity shown by official on assuming office
17. 干扰	gānrǎo	disturb; interfere; interference; jam
18. 毕恭毕敬	bìgōngbìjìng	extremely deferential
19. 估摸	gūmo	reckon; guess
20. 欢天喜地	huāntiānxǐdì	overjoyed
21. 气势汹汹	qìshìxiōngxiōng	truculent; overbearing
22. 调皮	tiáopí	naught; noisy and mischievous; tricky; artful
23. 叮咛	dīngníng	urge repeatedly; warn; exhort
24. 训斥	xùnchì	reprimand; rebuke
25. 火辣辣	huǒlàlà	burning
26. 审问	shěnwèn	interrogate; question
27. 表扬	biǎoyáng	praise; commend
28. 闪	shǎn	move quickly to one side; dodge
29. 酷刑	kùxíng	cruel torture
30. 指望	zhǐwàng	look to; count on; prospect; hope
31. 奏效	zòuxiào	be effective/successful
32. 调理	tiáolǐ	recuperate; take care of; look after
33. 皆大欢喜	jiēdàhuānxǐ	everybody is happy
34. 骤变	zhòubiàn	sudden change
35. 发烧	fāshāo	have a fever/temperature

36. 感冒	gǎnmào	catch cold; common cold
37. 幸亏	xìngkuī	fortunately; luckily
38. 肺炎	fèiyán	pneumonia
39. 打晃	dǎhuàng	shaking
40. 可怜巴巴	kěliánbābā	extremely pitiful
41. 血痕	xuèhén	blooding marks
42. 阻止	zǔzhǐ	stop; prevent; hold back
43. 沾	zhān	moisten; soak
44. 讲座	jiǎngzuò	course of lectures; professorship
45. 惊诧	jīngchà	surprised; amazed
46. 求情	qiúqíng	ask a favor; intercede (for sb.)
47. 一塌糊涂	yītāhútú	in a complete mess
48. 怒斥	nùchì	angrily rebuke
49. 吧嗒	bādā	click!
50. 自作主张	zìzuòzhǔzhāng	act on one's own
51. 不依不饶	bùyībùráo	not comply and not forgive; not let sb. get away with sth.
52. 替人受过	tìrénshòuguò	to get punishment for/on be half of others
53. 顾忌	gùjì	scruple; have misgivings
54. 机缘	jīyuán	good luck; lucky chance
55. 和解	héjiě	become reconciled
56. 美学	měixué	aesthetics
57. 入门	rùmén	introduction
58. 证书	zhèngshū	diploma
59. 奉送	fèngsòng	to send with respect
60. 悬着	xuánzhe	fell anxious; be remote
61. 饶	ráo	forgive
62. 愈	yù	the more...; be better
63. 尖子	jiānzi	best of its kind; sudden rise in pitch
64. 进度	jìndù	rate of advance; planned speed; schedule
65. 风尘仆仆	fēngchénpúpú	be travel – worn and weary

66. 朴素	pǔsù	simple; plain
67. 信念	xìnniàn	belief; conviction
68. 不近人情	bùjìnrénqíng	disregarding other's feelings
69. 憔悴	qiáocuì	wan and thin; withered（of plants）
70. 万般无奈	wànbānwúnài	have no alternative
71. 早自习	zǎozìxí	morning review class
72. 要强	yàoqiáng	be eager to excel; be competitive
73. 保送	bǎosòng	recommend sb. for admission to school/etc.
74. 师范	shīfàn	teachers college; normal university
75. 震撼	zhènhàn	shake; shock; vibrate
76. 蹂躏	róulìn	torture; trample over; ravage
77. 红领巾	hónglǐngjīn	red scarf（of Young Pioneers）; Young Pioneer
78. 若	ruò	if; as if; seem; appear to

Exercise One: Remembering Detials

再次细读本文并指出下列句子提供的信息是对的（*T*rue）还是错的（*F*alse）。如是错的，请改成正确的答案：

1. 伍老师虽然本领高强，但她的脾气很大。（　　）
2. 因为伍老师太严格，学生们虽然喜欢她，但不愿意去到她的班上课。（　　）
3. 虽然伍老师很严格，但是她的学生成绩不太好。（　　）
4. 伍老师有很强的自尊心，她对别人总是毕恭毕敬。（　　）
5. 伍老师喜欢用批评的方式来教育学生，并让家长注意。（　　）
6. 伍老师在任何情况下都不希望别人挑战她的权威性。（　　）
7. 因为我为儿子说情，伍老师很不高兴。她羞辱了我。（　　）
8. 知道了伍老师的故事以后，我们更尊敬这样一位老师了。（　　）
9. 最后我们才知道，原来伍老师是一个不近人情的人。（　　）
10. 因为伍老师认为做人应该事事争第一，所以她对学生们要求非常严格。（　　）

Exercise Two: Analyzing Ideas

选择下面提供的哪种回答最接近文章提供的事实并完成句子：

1. 大家都希望上伍老师的课，因为她_____。

　　　a．本领高强　　　　　　b．总是超额　　　　　　c．脾气大
2．虽然伍老师的班级比别人的大，可是她班考试总是_____。
　　　a．不服气　　　　　　　b．得冠军　　　　　　　c．多一倍
3．儿子刚刚开学时伍老师给我一张条子是想给我_____。
　　　a．不客气　　　　　　　b．毕恭毕敬　　　　　　c．下马威
4．伍老师批评每个家长是因为想让他们_____。
　　　a．帮孩子做作业　　　　b．管好孩子　　　　　　c．皆大欢喜
5．有一段时间我不敢去接儿子是因为_____。
　　　a．怕做作业　　　　　　b．自作主张　　　　　　c．怕被批评
6．我们最后发现伍老师是一位_____。
　　　a．负责任的老师　　　　b．不近人情的老师　　　c．蹂躏人的老师

Exercise Three：Synonyms

根据上下文的意思，找出句子中的同义词：

1．开学不久，伍老师班上的人数就<u>超额</u>了。
　　　a．很麻烦　　　　　　　b．很大　　　　　　　　c．很多
2．幸运得很，那年伍老师<u>恰恰</u>教一年级。
　　　a．正好　　　　　　　　b．原来　　　　　　　　c．根本
3．详细情况我不说了。反正是费尽了<u>周折</u>……
　　　a．麻烦　　　　　　　　b．关系　　　　　　　　c．功夫
4．可是眼里总是显着那么一丝<u>轻蔑</u>，这张脸就不可爱了。
　　　a．难过　　　　　　　　b．愤怒　　　　　　　　c．看不起
5．伍老师找我其实没有什么大事，她只是想给我一个<u>下马威</u>。
　　　a．很早的教训　　　　　b．很厉害的教训　　　　c．很严重的批评
6．孩子们的学习成绩上去了，<u>皆大欢喜</u>，校长、老师、家长们脸上都喜洋洋
　　　的。
　　　a．非常兴奋　　　　　　b．全都高兴　　　　　　c．领导高兴
7．我正<u>惊诧</u>他为什么不去上学待在家里，……。
　　　a．难过　　　　　　　　b．愤怒　　　　　　　　c．奇怪
8．一个偶然的<u>机缘</u>，竟使伍老师和我和解了。
　　　a．关系　　　　　　　　b．机会　　　　　　　　c．原因
9．"您……，哪儿的话？我一定<u>奉送</u>，一定奉送……"
　　　a．客气地送　　　　　　b．很快地送　　　　　　c．当面送

Exercise Four: Discussion Questions

1. 读完这篇小说，你觉得伍老师是一个什么样的老师？你见过这样的老师吗？你喜欢这样的老师吗？

2. 伍老师对学生那么厉害，家长们为什么还要争着让自己的孩子去她班里跟她上课？

3. 伍老师为什么告诉每一个家长他们的孩子是班上最差的？你认为她这样做对不对？如果不对，你认为应该用什么样的办法？

4. 伍老师为什么刚开始不喜欢"我"？她为什么后来愿意和"我"和解？

5. 伍老师为什么这样"不近人情"？她为什么那么痛恨现在家长溺爱孩子？你觉得她那么严格有道理吗？

6. 你同意"做人就该事事争第一"的说法吗？为什么？

7. "我"儿子为什么说"中国老师对学生的爱是用不同的方式表达出来的"？他为什么说伍老师是学问最好的人？

第二十六课 我最爱的老师和最恨的老师

My favorite teacher was also the teacher I hated the most. The summer of my freshman year in high school, I went to California to learn and practice soccer. In all, I practiced for five weeks. In that soccer team, there was a coach named Wolfgang Surboltz. Because he used to be on the German Representative Soccer Team and in the U. S. he was a professional athlete, and he had trained teams in soccer, that was why everyone wanted to learn from him. Although his technique was better than anyone's, his method of coaching was more strict than other coach. Some people said that he was that strict in his spirit because he was German. I didn't like explaining it that way. No matter how, nobody dared to not listen to what he said. This was because we were all afraid of him. Our team was also afraid to fail, so therefore every member on our team always did his best. He told me, "Even you're not the best player, if you don't give up, you definitely can beat the best soccer player."

1. 作者为什么说他最喜欢的老师也是他最恨的老师？
2. 作者是怎样描写他的足球老师的？
3. 这位德国足球老师用什么样的方法教学生？他的学生为什么会成功？
4. 你喜欢这样的老师吗？你愿意当这样老师的学生吗？为什么？

18. 保守	bǎoshǒu	conservative; old fashioned	15
19. 保送	bǎosòng	recommend sb. for admission to school/etc.	25
20. 保障	bǎozhàng	保护它，使不受破坏；protect；guarantee	10
21. 宝座	bǎozuò	throne	12
22. 霸占	bàzhàn	forcibly occupy	8
23. 卑鄙	bēibì	mean; contemptible; despicable	16
24. 悲剧	bēijù	tragedy	7
25. 悲喜交集	bēixǐjiāojí	grief and joy mixed together	17
26. 笨	bèn	不聪明；糊涂；stupid；foolish；dull	4
27. 本领	běnlǐng	skill; ability; capability	25
28. 臂	bì	arm	13
29. 边境	biānjìng	border; frontier	11
30. 鞭子	biānzi	whip	8
31. 表扬	biǎoyáng	praise; commend	25
32. 毕恭毕敬	bìgōngbìjìng	extremely deferential	25
33. 避免	bìmiǎn	想办法不让某种情况发生；to avoid	20
34. 病夫	bìngfū	sicken people; patient	24
35. 病危	bìngwēi	be critically ill	12
36. 不必	búbì	没有必要；unnecessary	4
37. 补偿	bǔcháng	compensate; make up	18
38. 补充	bǔchōng	replenish; supplement	13
39. 不服气	bùfúqì	refuse to obey	8
40. 不管	bùguǎn	无论怎样；no matter how	1
41. 不合时宜	bùhéshíyí	不符合当时的情况；untimely	14
42. 不快	búkuài	unhappy; unpleasant	17
43. 不禁	bújìn	can't help（doing sth.）	17
44. 不近人情	bùjìnrénqíng	disregarding other's feelings	25
45. 不祥	bùxiáng	unfortunate; unlucky	12
46. 不逊	bùxùn	impolite; irrespect	16
47. 不依不饶	bùyībùráo	not comply and not forgive; not let sb. get away with sth.	25

C

74.	宠爱	chǒng'ài	dote on	18
75.	充分	chōngfèn	非常多; plenty of	10
76.	冲突	chōngtū	发生了矛盾或争论; conflict	4
77.	丑	chǒu	ugly	12
78.	臭名昭著	chòumíngzhāozhù	infamous	16
79.	丑事	chǒushì	scandal;	3
80.	传播	chuánbō	spread widely; publicize	13
81.	创办	chuàngbàn	establish; set up	24
82.	创举	chuàngjǔ	从来没有过的有重大意义的措施或行动 pioneering work	20
83.	除掉	chúdiào	to cut off; to erase	7
84.	处罚	chǔfá	对坏人或坏事进行处理或惩罚; to punish	10
85.	初犯	chūfàn	first offender; first offense	23
86.	出路	chūlù	way out; outlet; employment opportunities	24
87.	出人头地	chūréntóudì	超出一般人 stand out among one's fellows	14
88.	出色	chūsè	outstanding; remarkable; splendid	9
89.	处死	chǔsǐ	用死刑惩罚一个人; to carryout a death penalty	10
90.	慈禧	Cíxǐ	Dowager CiXi	12
91.	粗暴	cūbào	rude; rough; crude; brutal	22
92.	摧残	cuīcán	wreck; destroy; devastate	16

D

93.	大臣	dàchén	高级官员; 国家的部长; minister	10
94.	大都	dàdōu	差不多; almost	14
95.	大方	dàfāng	对财物不在乎, 不小气; generous	1
96.	大公无私	dàgōngwúsī	一切为了别人, 从来不想到自己; selfless; unselfish	4
97.	打晃	dǎhuàng	shaking	25

122. 度假	dùjià	spend one's holidays; go vacationing	22
123. 躲	duǒ	hide (oneself); avoid; dodge	8
124. 多变	duōbiàn	changeable; changeful	16
125. 多疑	duōyí	喜欢怀疑的人和性格; suspicious	6
126. 多余	duōyú	unnecessary; surplus; superfluous; uncalled for	2
127. 堵塞	dǔsè	block up	19
128. 独生子女	dúshēngzǐnǚ	家里唯一的孩子; only children	14
129. 毒药	dúyào	poison	7

E

130. 恩爱	ēn'ài	affection; love	17
131. 恩惠	ēnhuì	恩情和帮助; favor; kindness	4

F

132. 发表	fābiǎo	通过公开的形式表达自己的想法; to publish	1
133. 发奋图强	fāfèntúqiáng	work with a will to make the country strong	13
134. 访问	fǎngwèn	visit; interview	13
135. 翻身	fānshēn	解放自己; free oneself; stand up	14
136. 翻译	fānyì	translate; interpret; translation	3
137. 反正	fǎnzhèng	anyway; anyhow; in any case	7
138. 犯罪	fànzuì	做出有罪的事情; commit crimes	10
139. 发烧	fāshāo	have a fever/temperature	25
140. 发誓	fāshì	vow; pledge; swear	15
141. 法庭	fǎtíng	court	13
142. 法治	fǎzhì	依靠法律而不是依靠人的愿望来统治; rule by law instead rule by people	10
143. 废黜	fèichù	免去; 取消; depose; dethrone	20

G

169. 甘心	gānxīn	willingly; readily	16
170. 告	gào	sue; accuse	19
171. 告诫	gàojiè	warn; admonish; exhort	15
172. 高明	gāomíng	看法和能力比别人高; wise; brilliant	4
173. 高尚	gāoshàng	品德高贵; noble	20
174. 各	gè	every; each	3
175. 耕	gēng	用工具翻开土地种地; plough, till	20
176. 个体户	gètǐhù	individual entrepreneur	23
177. 公安局	gōng'ānjú	police station	22
178. 功夫	gōngfu	Kongfu; martial arts	22
179. 巩固	gǒnggù	加强，使它坚固; consolidate; strengthen	20
180. 共和	gònghé	由选举来产生国家领导的制度; republic	10
181. 公民	gōngmín	citizen; citizenship	13
182. 功名	gōngmíng	功业和名声;考得科举称号或官职名; scholarly honor or official rank	20
183. 宫女	gōngnǔ	在皇宫里服务的女子; a maid in an imperial palace	10
184. 公认	gōngrèn	大家都认为的; generally acknowledged	14
185. 瓜分	guāfēn	dismember	15
186. 棺材	guāncái	coffin	5
187. 关怀	guānhuái	关心; shoe loving care for	1
188. 关键	guānjiàn	重点;重要的部分; hinge; key	14
189. 冠军	guànjūn	champion	25
190. 官僚	guānliáo	做官的人; bureaucrat	10
191. 观念	guānniàn	观点和想法; sense; idea; concept	1
192. 灌输	guànshū	instill into; inculcate; imbue with	16
193. 固定	gùdìng	不变的;不移动的; fixed	10
194. 规范	guīfàn	standard; norm	16
195. 规矩	guīju	一定的标准;法则; regulation; rule	14
196. 桂圆	guìyuán	longan	5

222. 皇后	huánghòu	皇帝的妻子；Queen	10
223. 荒唐	huāngtáng	奇怪的；没有道理的；ridiculous	10
224. 皇位	huángwèi	皇帝的职位；royal position；throne	10
225. 荒淫	huāngyín	贪恋酒和女人；licentious	10
226. 欢天喜地	huāntiānxǐdì	overjoyed	25
227. 恢复	huīfù	resume；renew；recover；regain；restore	13
228. 回报	huíbào	报答别人对自己的恩情和帮助；pay a debt of gratitude	4
229. 回头率	huítóulǜ	percentile of the consumers return back because of the good service	2
230. 回忆录	huíyìlù	reminiscences；memoirs；recollections	13
231. 昏	hūn	faint；lost consciousness	21
232. 混乱	hùnluàn	confusion；chaos	12
233. 火辣辣	huǒlàlà	burning	25
234. 糊涂	hútu	不清醒；不明白事理；muddled；confused	1

J

235. 挤	jǐ	squeeze；press；jostle；crowd	25
236. 济	jì	帮助；help	20
237. 将军	jiāngjūn	general	6
238. 奖励	jiǎnglì	encourage and reward；award	2
239. 讲座	jiǎngzuò	course of lectures；professorship	25
240. 建议	jiànyì	suggest；suggestion	22
241. 监狱	jiānyù	jail；prison	22
242. 坚贞	jiānzhēn	faithful；constant	15
243. 尖子	jiānzi	best of its kind；sudden rise in pitch	25
244. 剪子	jiǎnzi	scissors	5
245. 狡猾	jiǎohuá	cunning；sly；crafty；tricky	6
246. 焦急	jiāojí	anxious；worried	9

247.	教训	jiàoxùn	从错误和失败中取得经验；to learn a lesson	20
248.	家长制	jiāzhǎngzhì	家长决定一切的制度；patriarchal system	10
249.	嫁妆	jiàzhuāng	dowry; trousseau	23
250.	家族	jiāzú	大的家庭和它的组织；clan; family	4
251.	继承	jìchéng	继续前人没做完的事；按照法律接受死者的遗产或权利等；carry on; inherit	10
252.	基础	jīchǔ	base; foundation; basic; fundamental	18
253.	基地	jīdì	base	9
254.	极点	jídiǎn	farthest point; extremity	11
255.	嫉妒	jídù	envy; jealous	6
256.	极端	jíduān	绝对的,达到顶点的；extreme	4
257.	杰出	jiéchū	超过一般的,出众的；distinguished	20
258.	皆大欢喜	jiēdàhuānxǐ	everybody is happy	25
259.	结合	jiéhé	两个东西发生关系；to unite; to combine	10
260.	借口	jièkǒu	excuse	6
261.	嫉恨	jíhèn	envy and hate; hate out of jealousy	6
262.	计划生育	jìhuàshēngyù	有计划地生孩子；birth control	14
263.	机会	jīhuì	opportunity; chance	23
264.	计较	jìjiào	haggle over; fuss about	3
265.	基金	jījīn	fund; foundation	3
266.	吉利	jílì	fortune; luck	12
267.	计谋	jìmóu	scheme; stratagem	9
268.	进度	jìndù	rate of advance; planned speed; schedule	25
269.	竟	jìng	unexpectedly	21
270.	警察	jǐngchá	policeman	19
271.	惊诧	jīngchà	surprised; amazed	25
272.	敬佩	jìngpèi	esteem; admire	9
273.	惊人	jīngrén	astonishing; amazing; alarming	2

274. 荆条	jīngtiáo	chaste branches；brambles	8
275. 精通	jīngtōng	be proficient in；master	17
276. 惊讶	jīngyà	amazing；astounded	2
277. 进士	jìnshì	successful candidate in highest imperial examination	17
278. 妓女	jì'nǚ	prostitute；streetwalker	16
279. 金字塔	jīnzìtǎ	埃及国王的坟墓；三角形的东西；pyramid	10
280. 激情	jīqíng	passion；enthusiasm；fervor	17
281. 记取	jìqǔ	记住(经验教训,别人的话等等)；to remember a lesson	20
282. 集体	jítǐ	很多人在一起的群体；a group	4
283. 就业	jiùyè	找工作；to get a job	14
284. 畸形	jīxíng	deformity；malformation	16
285. 记性	jìxìng	memory	23
286. 基于	jīyú	在……情况下；based on ...	4
287. 机缘	jīyuán	good luck；lucky chance	25
288. 积攒	jīzǎn	save（money）	23
289. 机智	jīzhì	quick‐witted；resourceful	8
290. 极至	jízhì	达到了尽头,最高的地方；extreme end	20
291. 眷念	juàn'niàn	think fondly of	17
292. 捐献	juānxiàn	donate；donation	3
293. 巨大	jùdà	huge；gigantic	11
294. 绝顶	juédǐng	extremely；utterly	9
295. 绝对	juéduì	完全的；没有条件的 absolute；completely	10
296. 绝交	juéjiāo	断绝关系；cut off the relationship	1
297. 绝色	juésè	extremely beautiful（of a woman）	11
298. 绝望	juéwàng	give up all hope；despair	15
299. 菊花	júhuā	chrysanthemum	5
300. 拘留	jūliú	detain；hold in custody；intern	22
301. 军车	jūnchē	military vehicle	19

302. 军阀	jūnfá	warlord	15
303. 君子	jūnzǐ	有知识、有道德的人；gentlemen	4
304. 居然	jūrán	unexpectedly；to one's surprise；going so far as to	23
305. 具体	jùtǐ	明确的；特别的；detail；concrete	1
306. 局限	júxiàn	限制在一定的范围；limit	14
307. 具有	jùyǒu	有；存在；possess；have	1

K

308. 抗议	kàngyì	protest against	15
309. 抗旨	kàngzhǐ	refuse to obey imperial edict	12
310. 看透	kàntòu	understand；thoroughly；see through	6
311. 可耻	kěchǐ	shameful	13
312. 客观地	kèguānde	objectively	3
313. 刻痕	kèhén	the mark of cut；the mark of hurt	17
314. 可恨	kěhèn	hateful	22
315. 科举制	kējǔzhì	中国古代通过分科考试来选拔文武官员的制度；imperial examination system	20
316. 可怜	kělián	pity；pitiful	12
317. 可怜巴巴	kěliánbābā	extremely pitiful	25
318. 渴望	kěwàng	迫切的希望或盼望；desire	20
319. 恐怕	kǒngpà	担心；忧虑；be afraid of	10
320. 口才	kǒucái	eloquence	8
321. 狂	kuáng	mad；go crazy；violent	21
322. 苦恼	kǔnǎo	vexed；worried	7
323. 扩充	kuòchōng	扩大并充实，增加；enlarge；reinforce	10
324. 扩大	kuòdà	把一个东西从小变大；enlarge；expand	14
325. 酷刑	kùxíng	cruel torture	25

L

326. 蜡黄	làhuáng	wax yellow; waxen; sallow	19
327. 拦	lán	bar; block; hold back	19
328. 劳工	láogōng	laborer; worker	24
329. 冷淡	lěngdàn	cheerless; desolate; cold; indifferent	17
330. 谅解	liàngjiě	原谅和理解; understand; make an allowance for	1
331. 粮食	liángshi	grain; cereals; food	21
332. 撂	liào	put down; leave behind; throw/knock/shoot down	23
333. 烈女	liènǚ	women who die defending their honor or follow husbands in death	16
334. 礼教	lǐjiào	the Confucian or feudal ethical code	15
335. 历来	lìlái	从古以来都是这样; always; constantly	14
336. 利落	lìluò	agile; nimble; dexterous; neat; orderly	25
337. 领袖	lǐngxiù	领导人;带头的人; leader	10
338. 邻居	línjū	neighbor; neighborhood	21
339. 吝啬	lìnsè	小气,不舍得财物; stingy	1
340. 临危不惧	línwēibújù	face danger fearlessly	9
341. 理所当然	lǐsuǒdāngrán	应该的;正确的;of course; naturally	4
342. 柳暗花明	liǔ'ànhuāmíng	dramatical change; enchanting spring sight	25
343. 留面子	liúmiànzi	不让别人感到不好意思;save face	1
344. 栗子	lìzi	chestnut	5
345. 龙虾	lóngxiā	lobster	3
346. 笼子	lóngzi	cage; large box/chest; trunk	18
347. 禄	lù	福,薪水;salary	20
348. 路费	lùfèi	traveling expenses	21
349. 伦理	lúnlǐ	人和人相处时应该遵守的道德标准;ethics	20

350. 录取	lùqǔ	enroll; recruit; admit	21

M

351. 麻痹	mábì	paralysis; lower one's guard; benumb, lull; blunt	16
352. 麻烦	máfan	不容易解决的问题;不好的事情; trouble	1
353. 埋葬	máizàng	bury	16
354. 瞒	mán	hide truth from	3
355. 矛盾	máodùn	contradictory	6
356. 冒危险	màowēixiǎn	遇到不安全的事情;encounter danger; take risk	4
357. 美德	měidé	美好的道德;virtue; moral excellence	4
358. 美学	měixué	aesthetics	25
359. 猛	měng	fierce; valiant; fearsome; severe; suddenly; abruptly	19
360. 梦想	mèngxiǎng	渴望,十分想念;dream; to long for	14
361. 缅怀	miǎnhuái	cherish memory of	17
362. 灭亡	mièwáng	be destroyed; die out	11
363. 迷离	mílí	blurred; misted	17
364. 迷恋	míliàn	be enamored with	17
365. 迷茫	mímáng	confused; perplexed; dazed	15
366. 名利	mínglì	个人的名誉地位和物质利益;fame and wealth	10
367. 民生	mínshēng	老百姓的生活;the people's livelihood;	20
368. 迷信	míxìn	superstitious	15
369. 模范	mófàn	有代表性意义的人和事;值得学习的人和事;model; fine example	1
370. 陌生人	mòshēngrén	不认识的人;生人;stranger	4
371. 模式	móshì	一种规范的样式;pattern	10
372. 谋生	móushēng	seek livelihood	24

| 373. | 模型 | móxíng | model; pattern | 5 |

N

374.	耐心	nàixīn	patient	22
375.	难产	nánchǎn	difficult labor; dystocia	15
376.	难道	nándào	do you really mean to say that...	23
377.	难关	nán'guān	difficulty; crisis	9
378.	男尊女卑	nánzūnnǚbēi	尊敬男人，看不起女人 male chauvinism	14
379.	闹剧	nàojù	滑稽可笑的事情；farce	20
380.	馁	něi	饥饿；缺乏勇气；hungry; disheartened	20
381.	内乱	nèiluàn	内部的混乱；internal unrest	10
382.	溺爱	nì'ài	对孩子的过分的爱；spoil; dote on	14
383.	凝望	níngwàng	stare on; fix gaze at	17
384.	宁愿	níngyuàn	would rather; better...	7
385.	农活	nónghuó	farm work	23
386.	农业	nóngyè	农村种植庄稼和饲养家畜的工作；agriculture	1
387.	浓妆艳抹	nóngzhuāngyànmǒ	heavily made up and overdressed	15
388.	怒斥	nùchì	angrily rebuke	25
389.	奴隶	núlì	slave	15
390.	诺言	nuòyán	允许别人的事；答应别人的话 a promise; keep one's words	4
391.	女佣	nǚyōng	maid	15

P

392.	判	pàn	judge; decide; sentence; condemn	19
393.	判断	pànduàn	judge; determine; judgement	18
394.	抛头露面	pāotóulòumiàn	(of a woman in feudal society) show one's face in public	16

Q

418.	奇迹	qíjì	miracle; wonder; marvel	13
419.	庆功	qìnggōng	victory meeting	7
420.	倾家荡产	qīngjiādàngchǎn	lose family fortune	24
421.	轻描淡写	qīngmiáodànxiě	touch on lightly	23
422.	轻蔑	qīngmiè	slight; pejorative	25
423.	轻易	qīngyì	容易的;不费力气的; easily	1
424.	勤快	qínkuài	diligent; hardworking	15
425.	侵略	qīnlüè	invade; aggression; encroachment	8
426.	勤勤恳恳	qínqínkěnkěn	diligent and conscientious	24
427.	亲信	qīnxìn	trusted followers	12
428.	穷	qióng	poor	23
429.	企盼	qǐpàn	盼望;hope for; long for	20
430.	气势汹汹	qìshìxiōngxiōng	truculent; overbearing	25
431.	求情	qiúqíng	ask a favor; intercede（for sb.）	25
432.	契约	qìyuē	约定的凭据;书写的合同;contract; deed	4
433.	权威	quánwēi	让人相信并服从的力量和威望;被认为最有地位、最有影响的人或事物; authority	1
434.	缺乏	quēfá	be short of; lack	18
435.	群众	qúnzhòng	the masses/people	19
436.	裙子	qúnzi	skirt	11

R

437.	饶	ráo	forgive	25
438.	惹	rě	引起; to stir up; cause; attract	1
439.	仁慈	réncí	善良,爱别人;benevolent; merciful	10
440.	人均消费	rénjūnxiāofèi	per capita consuming	2
441.	任期	rènqī	担任一个职务的时期;the period of to be in office	10
442.	忍让	rěnràng	容忍退让; exercise forbearance	1

S

468.	生殖	shēngzhí	生产和繁殖；reproduction	10
469.	圣旨	shèngzhǐ	imperial edict	12
470.	审判	shěnpàn	bring to trail；try	13
471.	神圣	shénshèng	sacred；holy	24
472.	审问	shěnwèn	interrogate；question	25
473.	神仙	shénxiān	supernatural being；celestial being；immortal	21
474.	势	shì	power, force, influence	3
475.	师范	shīfàn	teachers college；normal university	25
476.	师傅	shīfu	徒弟对老师的尊称；master	4
477.	势力	shìlì	power；influence	13
478.	适量	shìliàng	appropriate amount	2
479.	诗思	shīsī	poetic feeling；inspiration of poem	17
480.	世袭	shìxí	一代一代地继承(皇位)；hereditary	10
481.	世袭制	shìxízhì	一代一代地继承一个固定的职位的制度 the hereditary system	10
482.	食言	shíyán	撒谎,答应别人的话不去做；break one's promise	4
483.	实在	shízài	honest；indeed；frankly	3
484.	市长	shìzhǎng	城市的行政长官；mayor	14
485.	使者	shǐzhě	emissary；envoy；messenger	8
486.	识字	shízì	know how to read	16
487.	首领	shǒulǐng	领头的人；headman	10
488.	手术	shǒushù	surgery	16
489.	熟悉	shúxī	知道的很清楚；be familiar with	14
490.	术	shù	技巧,学科；skill；tactics	20
491.	摔	shuāi	throw；cast；fall	21
492.	衰老	shuāilǎo	弱的,老的；old and feeble	10
493.	衰落	shuāiluò	decline；go downhill	17
494.	束缚	shùfù	tie；bind up；fetter	16
495.	顺便	shùnbiàn	conveniently；in passing；by the way	3
496.	说谎	shuōhuǎng	说假话；to lie	1

497. 束手无策　shùshǒuwúcè　be at a loss what to do; feel quite 13
helpless; be in one's wit' end

498. 似乎　sìhū　好像;看上去; it seems; as if 1

499. 叟　sǒu　老头; old man 1

500. 粟　sù　谷子,小米,泛指粮食;grain 20

501. 俗话　súhuà　口语,日常说的话; common saying 1

502. 随便　suíbiàn　不严肃的;没有经过认真思考的; 1
casual; random;

503. 随时　suíshí　任何时候; at any time; at all times 1

504. 缩影　suōyǐng　对事件或事物有代表性的表现; 14
epitome; miniature

505. 肃然起敬　sùránqǐjìng　be filled with deep veneration 24

T

506. 太后　tàihòu　empress dowager; queen mother 12

507. 太监　tàijiān　在皇宫里为皇帝服务的一种特殊的 10
人员;(court) eunuch

508. 逃跑　táopǎo　run away; flee away 9

509. 逃亡　táowáng　flee away; go into exile; become a 7
fugitive

510. 讨厌　tǎoyàn　不喜欢; dislike 1

511. 疼爱　téng'ài　love dearly 19

512. 特权　tèquán　特殊的权利; privilege 1

513. 特赦　tèshè　special pardon; special amnesty 13

514. 天才　tiāncái　genius; talent; gift 18

515. 天翻地覆　tiānfāndìfù　heaven and earth turning upside down; 13
tremendous changes

516. 天堂　tiāntáng　heaven; paradise 13

517. 调理　tiáolǐ　recuperate; take care of; look after 25

518. 调皮　tiáopí　naught; noisy and mischievous; trick- 25
y; artful

519. 提倡　tíchàng　鼓励并让别人去做;promote 14

520.	提倡	tíchàng	advocate; encourage; recommend	12
521.	听从	tīngcóng	听别人的话并服从他们; obey; heed	1
522.	替人受过	tìrénshòuguò	to get punishment for/on be half of others	25
523.	统计	tǒngjì	statistics	2
524.	投奔	tóubēn	seek refuge	25
525.	偷偷	tōutōu	stealthily; secretly	21
526.	团结	tuánjié	unite	8
527.	团圆	tuányuán	一家人齐聚在一起; reunion	14
528.	推	tuī	push	12
529.	退兵	tuìbīng	retreat; withdrawal	6
530.	退路	tuìlù	往后退的路；可以后退、可以商量的办法; the route of retreat	4
531.	推行	tuīxíng	普遍的推广并实行; carry out	20
532.	退休	tuìxiū	retire	24

W

533.	歪	wāi	askew; crooked; inclined	25
534.	外交	wàijiāo	foreign affairs	8
535.	万般无奈	wànbānwúnài	have no alternative	25
536.	完备	wánbèi	应该有的都有了; complete	10
537.	晚辈	wǎnbèi	辈分低的人; young generation	1
538.	网	wǎng	用绳做的一种捕鱼的工具,常常用来比喻一种联系广大的组织和系统:关系~；销售~。net	1
539.	忘恩负义	wàng'ēnfùyì	忘记别人对自己的恩德,对不起别人对自己的好意; devoid of gratitude; ungrateful	4
540.	王子	wángzǐ	prince	7
541.	完美	wánměi	完全而且美好; perfect	20
542.	完善	wánshàn	完备而且美好; perfect; consummate	1

543. 玩物	wánwù	plaything；toy	16
544. 惋惜	wǎnxī	feel sorry for/about；pity	13
545. 婉约	wǎnyuē	smooth and courteous（of speech）；restrained；plaintive（of poetry）	17
546. 唯	wéi	only；alone	16
547. 违法	wéifǎ	against law；illegal	16
548. 违反	wéifǎn	violate；transgress；infringe	19
549. 围观	wéiguān	surround and watch	19
550. 危害	wēihài	危险的,有害的；harm；endanger	10
551. 维护	wéihù	safeguard；defend；uphold	24
552. 未来	wèilái	future	12
553. 委屈	wěiqū	feel wronged；nurse a grievance	15
554. 为所欲为	wéisuǒyùwéi	想做什么就做什么；to do whatever you want to	10
555. 文才	wéncái	在写作方面有才能的人；literary talents	20
556. 文采	wéncǎi	在文艺方面有才华,用词很美丽；literary grace	20
557. 稳定	wěndìng	稳固而且坚定；stable	1
558. 闻名于世	wénmíngyúshì	wellòknown；famous	17
559. 文人	wénrén	scholar；man of letters	6
560. 握手	wòshǒu	shake hands	24
561. 侮辱	wúrǔ	humiliate；insult, defile, sully	8
562. 无条件	wútiáojiàn	不提出任何条件；unconditionally	14

X

563. 袭	xí	make a surprise attack on	17
564. 吓唬	xiàhu	frighten；scare；intimidate	21
565. 下马威	xiàmǎwēi	severity shown by official on assuming office	25
566. 相爱	xiāng'ài	love each other	15

567.	相处	xiāngchǔ	和别人在一起工作或生活；to get along with	1
568.	相当	xiāngdāng	非常；很；very；quite	1
569.	相对	xiāngduì	比较性的；从比较而看出来的；relatively；comparatively	1
570.	相似	xiāngsì	resemble；be similar；be alike	15
571.	乡下	xiāngxià	countryside	23
572.	想像	xiǎngxiàng	imagine；imagination	9
573.	先例	xiānlì	过去的例子；the previous example	20
574.	鲜明	xiānmíng	清楚，明亮；bright；distinctive	20
575.	显示	xiǎnshì	明显地表示；to show	1
576.	限制	xiànzhì	规定的范围；restrict；confine	14
577.	效力	xiàolì	替别人做事；render a service to	1
578.	小气	xiǎoqì	stingy；mean；narrow-minded	2
579.	小人	xiǎorén	坏人，没有道德的人；villain；vile character	4
580.	孝顺	xiàoshùn	尊敬长辈并听他们的话；show filial obedience	14
581.	血痕	xiěhén	blooding marks	25
582.	谢绝	xièjué	refuse；decline	24
583.	鞋	xié	shoes	21
584.	袭击	xíjī	在别人不注意的时候发动攻击；make a surprise attack	10
585.	心病	xīnbìng	worry；anxiety；sore point；secret trouble	25
586.	心服口服	xīnfúkǒufú	be sincerely convinced	22
587.	兴	xīng	旺盛；流行；prosperous	14
588.	形成	xíngchéng	经过发展而变成；to form	10
589.	幸好	xìnghǎo	fortunately；luckily	23
590.	幸亏	xìngkuī	fortunately；luckily	25
591.	兴旺	xīngwàng	旺盛，有好的前途；prosperous	14
592.	行政	xíngzhèng	政府或公司的管理机构；administration	1

Y

615. 轧	yà	crush；run/roll over	19
616. 研究生	yánjiūshēng	graduate student	3
617. 颜	yán	脸，此处指好看的面容；fair face	20
618. 掩藏	yǎncáng	hide；conceal	23
619. 养	yǎng	raise；deal with	16
620. 宴会	yànhuì	banquet	7
621. 严厉	yánlì	严肃而且厉害；stern；severe；strict	14
622. 宴请	yànqǐng	entertain（to dinner）；fete	2
623. 谚语	yànyǔ	人们常说的意义深刻的固定句子和特定的语言表达方法；proverb	14
624. 演奏	yǎnzòu	perform；performance	17
625. 摇晃	yáohuàng	rock；sway；shake	21
626. 要强	yàoqiáng	be eager to excel；be competitive	25
627. 遥远	yáoyuǎn	非常非常远；remote；distance	14
628. 耀祖光宗	yàozǔguāngzōng	让祖宗和家族感到光荣；to gain honor for one's ancestors	14
629. 压岁钱	yāsuìqián	money given to children as a lunar New Year gift	23
630. 丫头	yātou	girl；young female servant	15
631. 夜大学	yèdàxué	evening university	23
632. 野蛮	yěmán	uncivilized；savage；barbarous	13
633. 业务	yèwù	professional work；business	2
634. 野心	yěxīn	对领土、权位、名利等的不公正的强烈的愿望；wild ambition；careerism	10
635. 遗憾	yíhàn	regret；pity	17
636. 依靠	yīkào	靠某个人或某种力量达到目的；rely on；depend on	10
637. 议论	yìlùn	谈论别人的事情；discuss；talk about	4
638. 以免	yǐmiǎn	in order to avoid；so as not to；lest	6
639. 阴谋	yīnmóu	秘密计划的坏事；conspiracy	10

640.	一幕	yímù	scene; description of an incident, or of part of a person's life	19
641.	因而	yīn'ér	因此;根据前面的原因引起的...; thus; as a result	1
642.	引发	yǐnfā	引起;触发;cause; initiate	20
643.	颖慧	yǐnghuì	bright; intelligent	17
644.	赢利	yínglì	profit	2
645.	隐居	yǐnjū	live in seclusion; withdraw from society and live in solitude; be a hermit	7
646.	阴森森	yīnsēnsēn	gloomy and clammy	12
647.	印象	yìnxiàng	impression	3
648.	引诱	yǐnyòu	lure; seduce	13
649.	义气	yìqì	讲公道,重视感情,帮助朋友;code of brotherhood; personal loyalty	4
650.	依然	yīrán	still; as well	17
651.	意识	yìshí	realize; be aware of; consciousness;	13
652.	一塌糊涂	yītàhútú	in a complete mess	25
653.	义务	yìwù	法律或道德要求应该尽的责任;不拿报酬的; volunteer; voluntary	1
654.	依稀	yīxī	vague; dim	17
655.	异乡	yìxiāng	alien land (i.e., not one's hometown)	24
656.	一系列	yíxìliè	a series of	18
657.	抑郁寡欢	yìyùguǎhuān	depressed; despondent; gloomy	17
658.	一致	yízhì	统一的,没有不同的; identical; unanimous	14
659.	拥护	yōnghù	赞成并支持;support; endorse	14
660.	勇气	yǒngqì	courage	21
661.	涌泉	yǒngquán	很多的正在流的泉水;running spring	4
662.	佣人	yòngrén	servant	6
663.	幼	yòu	小的;年轻的; little; young	1
664.	游春	yóuchūn	tour of spring; trip of celebrating of spring	17

665.	优惠卡	yōuhuìkǎ	preferential card; favorable card; coupon	2
666.	诱惑	yòuhuò	引诱和欺骗别人做坏事；tempt; entice; seduce; lure	10
667.	悠久	yōujiǔ	历史很长；时间很长；long time	1
668.	有求必应	yǒuqiúbìyìng	respond in every plea; grant whatever is requested	3
669.	优先	yōuxiān	受到比别人早的待遇和早的照顾 priority	1
670.	优秀	yōuxiù	excellent; outstanding; splendid	3
671.	有益于	yǒuyìyú	对……有好处；be good at ...	20
672.	犹豫	yóuyù	hesitate	13
673.	优越感	yōuyuègǎn	superiority complex	18
674.	愈	yù	the more...; be better	25
675.	原始社会	yuánshǐshèhuì	人类文明早期的社会；primitive society	10
676.	渊源	yuānyuán	根源；一件事发生的地方；origins	1
677.	约盟	yuēméng	条约和联盟；treaty; contract	20
678.	约束	yuēshù	管理并限制，使不出范围；control; keep within bounds; restrain	4
679.	欲念	yùʹniàn	想得到某种东西或达到某种要求的愿望；desire；wish；lust	10
680.	欲望	yùwàng	想取得某种东西或达到某种要求的愿望 desire; wish; lust	10
681.	预言	yùyán	prophesize; predict; foretell; prophecy; prediction	18
682.	预兆	yùzhào	omen; sign; harbinger	12

Z

| 683. | 砸 | zá | pound; tamp; break; smash | 22 |
| 684. | 灾害 | zāihài | 不幸的遭遇；想不到的坏事；misfortune; disaster | 10 |

710.	制定	zhìdìng	明确地规定(政策、法律等); to for-mulate; to lay down	10
711.	至高无上	zhìgāowúshàng	最高的; the highest	10
712.	指挥家	zhǐhuījiā	strategist; planner; commander	9
713.	致命	zhìmìng	fatal; mortal; deadly	17
714.	至少	zhìshǎo	at least	23
715.	指望	zhǐwàng	look to; count on; prospect; hope	25
716.	秩序	zhìxù	整齐,有条理; order	14
717.	致意	zhìyì	表示想念、问候; give one's regards	14
718.	执政	zhízhèng	掌握国家的政权; be in power; be in office	10
719.	钟	zhōng	古代的度量地位,六石一斗为一钟; ancient measure word, approximate to 650 pounds	20
720.	终身制	zhōngshēnzhì	一辈子担任某种职务或享受某种特殊的待遇的制度; to be in a specific position for all one's life	10
721.	重视	zhòngshì	特别认真地对待; pay specific atten-tion on	14
722.	中庸	zhōngyōng	中间:不左也不右,不偏向任何一个方向; the doctrine of the mean	4
723.	骤变	zhòubiàn	sudden change	25
724.	周折	zhōuzhé	twists and turns; setbacks	25
725.	壮胆	zhuàngdǎn	embolden; boost sb's. courage	21
726.	壮丽	zhuànglì	majestic; magnificent	17
727.	壮烈	zhuàngliè	heroic; brave	17
728.	祝福	zhùfú	祝愿别人平安幸福; bless	14
729.	主管	zhǔguǎn	be responsible for; be in charge of	21
730.	追问	zhuīwèn	question closely; make a detailed in-quiry	6
731.	主角	zhǔjué	leading role; lead; protagonist	18
732.	着重	zhuózhòng	注意并看重; pay specific attention	20
733.	主宰	zhǔzǎi	统治并决定一切; dominate; dictate	10

734.	注重	zhùzhòng	注意并重视；lay stress on；pay attention on；attach importance to	1
735.	自爱	zìài	对自己的爱；对自己的尊重；self-respect	4
736.	资格	zīgé	作某种工作或参加某种活动应该具有的条件；qualification	20
737.	自认为	zìrènwéi	自己对自己的感觉和评价；self-believe；consider by oneself	1
738.	自杀	zìshā	suicide	11
739.	自私	zìsī	selfish	16
740.	资源	zīyuán	原料和劳动力的来源；resources	14
741.	仔仔细细	zǐzǐxìxì	extremely careful/attentive	21
742.	自作主张	zìzuòzhǔzhāng	act on one's own	25
743.	奏效	zòuxiào	be effective/successful	25
744.	阻碍	zǔ'ài	阻止和妨碍；hinder；block	10
745.	祖国	zǔguó	motherland	24
746.	遵循	zūnxún	遵守并跟随；follow	20
747.	尊严	zūnyán	受尊敬的庄严的地位或身份；dignity	4
748.	做文章	zuòwénzhāng	make an issue of；write an essay	2
749.	足下	zúxià	a polite form of address between friends（used mostly in letter）	7
750.	阻止	zǔzhǐ	stop；prevent；hold back	16

（为了便于查找，本索引按照字母排序法制作）

M

命运亨通：运气旺盛，事业发达。［亨］顺利，通达。　　　　　　　　20

N

难得糊涂：能做到不计较小事（不烦恼、不忧愁），对一个人来说，是很
不容易的。　　　　　　　　　　　　　　　　　　　　　　　　　　　　1

Q

千里迢迢：很远很远。［迢迢］遥远，看不到头，没有边。也作"万里
迢迢"。　　　　　　　　　　　　　　　　　　　　　　　　　　　14

R

人不分贵贱，地不分南北：人，不论是有钱还是无钱；地方，不管是在南
　　　　　边还是在北边。表示没有例外。
　　　　　Topic ＋ 不管/不分/无论 ＋ comparison words as indefinite
　　　　　饭不管好坏，一定要让别人吃饱。
　　　　　官员不分职务大小，全都得听皇帝的。
　　　　　这些酒不管贵贱，我都不喜欢喝。
　　　　　车无论新旧，价钱无论贵贱，我只关心它的质量好不好。　　　20
人外有人，天外有天：指聪明的人旁边还会有更聪明的人，高高的天空
　　　　　上头还会有更高的天。　　　　　　　　　　　　　　　　　　1

S

三从四德：古时候妇女要遵守的一些传统道德。［从］服从，遵守。　14
受人滴水之恩，当以涌泉相报：即使受到别人小的帮助和恩惠，也要想
　　　　　着用最大的恩惠来报答。［涌泉］奔腾的泉水，很多的水。　　4

书中自有黄金屋，书中自有千钟粟，书中自有颜如玉。［自］当然。 20

说不完道不尽：很难表达完的内容。［道］说，表达。 20

说出去的话，泼出去的水：说过的话一定做到。（泼出去的水再也收不回
来，用来比喻说出去的话没有办法改变） 4

死生契阔（生离死别）：面临着生和死的交织的强烈情感。［契］感情和
缘分的吻合。如：契合，默契，投契。［阔］久远的，长距
离的。如：阔别。 20

T

童叟无欺：诚实地做生意，不欺骗任何人。［叟］老年男人。［欺］骗，
欺负。 1

W

万般皆下品，唯有读书高：做所有其他的事都是低级的，只有读书才是高
尚的事。［般］量词，各种各样。［品］品种，品位。［唯有］
只有。 20

忘恩负义：忘掉别人对自己的恩惠，背叛别人的情义。［负］辜负、背叛。 4

为所欲为：做想做的任何事情。［为］做，行为。［欲］愿望。愿意做的事。 10

温良恭俭让：温和善良，谦虚，讲究礼貌，理解和谦让别人。 1

文质彬彬：形容一个人文雅而又懂礼貌。［文］有修养，懂礼貌。［彬彬］
温和、谦虚的样子。 1

X

喜出望外：遇到意外的好事而特别高兴。［望］希望。 20

喜怒无常：高兴和生气都不正常，脾气不好。 10

显而易见：很容易看得出来的。［显］明显。 20

心照不宣：心里明白但不说出来。［宣］宣布，公开地告诉别人。 4

修身、齐家、治国、平天下：严格要求自己，管理好自己的家庭，学好
知识，并利用自己的知识管理社会，为人类创造和平。

［修］训练，使它有修养。［齐］管理，使它整齐，平等。

［平］使它公平、和平。　　　　　　　　　　　　　　　　　　　　1

Y

耀祖光宗：作伟大的事，使自己的家庭和祖宗都感到光荣。［耀］使闪光。　14

一诺千金：答应别人的事情就一定做到。说过的话像金子一样宝贵。［诺］
　　　　　答应或同意。　　　　　　　　　　　　　　　　　　　　　4

一日为师，终身为父：只要他当过一天你的老师，你一辈子要像尊敬父亲
　　　　　那样尊敬他。　　　　　　　　　　　　　　　　　　　　4

以柔克刚：用温柔轻松的方式来对待强硬的对手，解决难以解决的问题。
　　　　　以 Sth＋Veb＋Sth：以牙还牙/以卵击石/ 以德报怨/ 以暴易暴/
　　　　　以不变应万变　　　　　　　　　　　　　　　　　　　　1

以心换心：善良平等地对待别人，用对别人的爱来获得别人对自己的爱
　　　　　和尊
　　　　　敬。　　　　　　　　　　　　　　　　　　　　　　　1

有理让三分：即使你完全是对的，也应该有礼貌地对待别人，对待对方客
　　　　　气一些。　　　　　　　　　　　　　　　　　　　　　1

约定俗成：不是法律规定，而是因为人们长期的社会行为、风俗而养成
　　　　　的习惯。这些行为和习惯一般都被人们遵守和执行。　　　　1

Z

至高无上：最高的，没有任何比他/它更高的。［至］最。　　　　　10

中庸之道：不偏激，既不强调一个方面，也不强调另一个方面。　　　4